Rita Schmidt-Hewing
Anna Miggelbrink

Ich bin die Auferstehung und das Leben

Rita Schmidt-Hewing
Anna Miggelbrink

Ich bin die Auferstehung und das Leben

Das Totengebet in der Gemeinde

HERDER
FREIBURG · BASEL · WIEN

www.herder.de

Umschlaggestaltung: Finken & Bumiller
Umschlagmotiv: © 2008 KNA-Bild

Die Bibeltexte sind entnommen aus:
Einheitsübersetzung der Heiligen Schrift
© 1980 Katholische Bibelanstalt, Stuttgart.

Satz: SatzWeise, Föhren
Herstellung: fgb · freiburger graphische betriebe
www.fgb.de

Gedruckt auf umweltfreundlichem, chlorfrei gebleichtem Papier
Printed in Germany

ISBN 978-3-451-32171-9

Inhalt

Abkürzungen:

V. = Vorsteher/in
L. = Lektor/in
A. = Alle
GL = Gotteslob

Vorwort

Kranke besuchen, Armen helfen, Trauernde trösten, für die Verstorbenen beten … das alles sind Werke der Barmherzigkeit und Nächstenliebe.

Es zählt zu den urmenschlichen Bedürfnissen, bei den Toten zu wachen und die Trauer um einen verstorbenen Menschen miteinander zu teilen. In vielen unterschiedlichen Ritualen und Formen gingen und gehen die Menschen mit diesen existentiellen Fragen des Lebens um:
So haben sich im Laufe der Zeit die unterschiedlichsten Rituale entwickelt: Waschungen und Einbalsamierungen der Toten, Grabbeigaben, Weihrauch, Opfergaben, Öllampen am Totenbett; Klagelieder gehörten zur mehrtägigen Totenwache.
Einige dieser Formen haben auch im Christentum ihren festen Platz im Umgang mit den Sterbenden, wie etwa Weihrauch bei der Aussegnung, brennende Kerzen am Sarg und beim Begräbnisgottesdienst, Trauerlieder, Gebete und nicht zuletzt die Totenwache. Von der Praxis der Totenwache zeugen auch die biblischen Überlieferungen. So heißt es beispielsweise bei Matthäus 27,61: »Auch Maria von Magdala und die andere Maria waren dort; sie saßen dem Grab gegenüber.«
Bis ins 20. Jahrhundert hinein fand diese Totenwache – meistens im ländlichen Bereich – im Haus der/des Toten statt. Verwandte, Nachbarn, Freunde begleiteten den Toten mit Gebeten und Klageliedern bis zu seiner Grablegung. Tradierte Formen des Gebetes waren dabei der Rosenkranz,

Litaneien; Grundgebete, die zum Großteil auswendig gesprochen wurden.
Die zunehmende strukturelle Veränderung brachte es mit sich, dass das Gebet für die Toten in kirchliche Räume verlegt wurde. Vielerorts ging damit zugleich ein Verlust der Kenntnis traditioneller Gebete einher, der ebenso den Wunsch nach neu gestalteten Gebetesformen aufkommen ließ.
Diese Nachfrage und die Notwendigkeit einer lebensnahen Liturgie haben uns dazu ermuntert, komplette Gottesdienste auszuarbeiten, die es Laien ermöglichen, einer Toten-Gedenkfeier vorzustehen.
Darüber hinaus bieten die Modelle Anregungen und konkrete Gestaltungsvorschläge für die Gestaltung von Begräbnisfeiern.

Immer mehr Menschen verbringen in Altenheimen und Wohnstiften ihren Lebensabend. Häufig sind in diesen Häusern Kapellen oder Trauerräume vorhanden, so dass auch dort Platz ist für Abschied und Trauer sowie Trost und Hoffnung für die Mitbewohner.
Wo Menschen wünschen, zu Hause zu sterben, ist dieses Buch eine Hilfe, die Sterbenden im Gebet zu begleiten und die Totenwache am Sterbebett zu halten.

Die Wortgottesdienste sind komplett gestaltet und können unmittelbar verwendet werden. Zugleich können sie erweitert oder an die jeweiligen Gegebenheiten vor Ort angepasst werden. Die beigefügte CD-ROM ermöglicht eine schnelle und unkomplizierte Vorbereitung – Wechselgebete, Psalmen und Lieder finden sich dort als Vorlage zum Ausdrucken für die versammelte Gemeinde.

Es war uns besonders wichtig, den Trauernden das Gefühl zu vermitteln, dass sie mit ihrer Trauer, Angst und Hoffnungslosigkeit aufgehoben sind im gemeinsamen Gebet der Gemeinde und deutlich wird, dass der Tod nicht das Ende ist, sondern der Beginn eines neuen Lebens.

... befreit sind wir von Angst und Not, das Leben hat besiegt den Tod: Der Herr ist auferstanden.

Wesel, im Herbst 2008
Rita Schmidt-Hewing
Anna Miggelbrink

1 Gott kommt, uns zu retten

Totengebet in der Adventszeit

Osterkerze anzünden

Orgelspiel/CD (ca. 3 Minuten vorher beginnen)

Eröffnung

Lied

GL 111, 1. »Die Nacht ist vorgedrungen«
4. »Noch manche Nacht wird fallen«
5. »Gott will im Dunkeln wohnen«

V. Im Namen des Vaters und des Sohnes
und des Heiligen Geistes.
A. Amen.

Einführung

V. Liebe Gemeinde,
»Die Nacht ist vorgedrungen, der Tag ist nicht mehr fern, so sei nun Lob gesungen dem hellen Morgenstern.«
So haben wir gesungen.
Der Morgenstern ist der Vorbote eines neuen Tages, der uns andeutet, dass immer wieder neu das Licht der Sonne den Tag erhellt. Der Morgenstern begleitet den Übergang vom Dunkel ins Licht.

Wir sind hier, um uns von Frau/Herrn N.N. zu verabschieden.
Das vertraute Licht des neuen Tages wird N.N. nicht mehr erblicken können, aber wir glauben, dass unsere Verstorbenen in Gottes ewigem Licht ihr Zuhause, ihre Wohnung haben. Auf dem Weg dorthin wollen wir sie/ihn jetzt mit unserem Gebet ein Stück begleiten und zugleich unserer Hoffnung auf ein Wiedersehen in einem »neuen Licht« Ausdruck geben.

Vergebungsbitte

Mit unserer Trauer können wir vor Christus treten, der das Leben und den Tod überwunden hat und uns alle einmal aufnehmen wird in sein großes Licht, in seinen ewigen Frieden.
Er ist jetzt in unserer Mitte. Rufen wir Jesus Christus an, der uns und unserer/m Verstorbene/n N.N. das ewige Leben schenken wird.
Bitten wir ihn um sein Erbarmen.

V. Erbarme dich, Herr, unser Gott, erbarme dich.
A. Denn wir haben vor dir gesündigt.
V. Erweise, Herr, uns deine Huld.
A. Und schenke uns dein Heil.

V. Es erbarme sich unser der gute Gott, er nehme von uns alle Schwachheiten und führe uns in sein Licht.
A. Amen.

Kyrie

Lied GL 103 »Tau aus Himmelshöhn«
(kann auch gesprochen werden)

Gebet

V. Guter Gott,
wir warten auf die Ankunft unseres Erlösers
und Heilands Jesus Christus.
Wir warten, dass wir ankommen dürfen bei dir.
Du kommst uns entgegen.
Im Vertrauen darauf,
dass unsere Schwester (unser Bruder)
zum ewigen Leben auferstehen wird,
sind wir auf dem Weg zu dir.
Stärke unser Vertrauen und unseren Glauben an dich.
Darum bitten wir dich
durch Jesus Christus, unsern Bruder und Herrn,
der mit dir und dem Heiligen Geist
lebt und Leben spendet, heute und immerdar.
A. Amen.

Lesung

Einführung in die Lesung

(Nehmen Sie bitte Platz.)
L. Die Lesung aus dem Buch Jesaja berichtet uns von der Ankunft Gottes. Gott selbst wird kommen und uns erretten. Er wird aus der Wüste ein Paradies machen.

Not, Krankheit und Tod werden überwunden sein. Friede und Freude und Glück wird uns erwarten. Die vom Herrn Erlösten kehren heim in Gottes ewigen Frieden.

L. Lesung aus dem Buch Jesaja *(Jes 35,1–10)*
Die Wüste und das trockene Land sollen sich freuen,
die Steppe soll jubeln und blühen.
Sie soll prächtig blühen wie eine Lilie,
jubeln soll sie, jubeln und jauchzen.
Die Herrlichkeit des Libanon wird ihr geschenkt,
die Pracht des Karmel und der Ebene Scharon.
Man wird die Herrlichkeit des Herrn sehen,
die Pracht unseres Gottes.
Macht die erschlafften Hände wieder stark
und die wankenden Knie wieder fest!
Sagt den Verzagten:
Habt Mut, fürchtet euch nicht!
Seht, hier ist euer Gott!
Die Rache Gottes wird kommen und seine Vergeltung;
er selbst wird kommen und euch erretten.
Dann werden die Augen der Blinden geöffnet,
auch die Ohren der Tauben sind wieder offen.
Dann springt der Lahme wie ein Hirsch,
die Zunge des Stummen jauchzt auf.
In der Wüste brechen Quellen hervor
und Bäche fließen in der Steppe.
Der glühende Sand wir zum Teich
und das durstige Land zu sprudelnden Quellen.
An dem Ort, wo jetzt die Schakale sich lagern,
gibt es dann Gras, Schilfrohr und Binsen.
Eine Straße wird es dort geben;
man nennt sie den Heiligen Weg.

Kein Unreiner darf sie betreten.
Er gehört dem, der auf ihm geht.
Unerfahrene gehen nicht mehr in die Irre.
Es wird keine Löwen dort geben,
kein Raubtier betritt diesen Weg,
keines von ihnen ist hier zu finden.
Dort gehen nur die Erlösten.
Die vom Herrn Befreiten kehren zurück
und kommen voll Jubel nach Zion.
Ewige Freude ruht auf ihren Häuptern.
Wonne und Freude stellen sich ein,
Kummer und Seufzer entfliehen.

Wort des lebendigen Gottes.
A. Dank sei Gott.

Antwort auf die Lesung

Lied GL 106, 1. »Kündet allen in der Not«
3. »Aus Gestein«
5. »Gott wird wenden«

Wechselgebet

(Im Wechselgebet bringen wir unsere Hoffnung auf ewiges Leben zum Ausdruck)
V. Des Menschen Tage sind wie Gras,
er blüht wie die Blume des Feldes.
Fährt der Wind darüber, ist sie dahin.

L. Wir sind nicht für den Tod geschaffen.
Unser Gott ist ein Gott der Lebenden.
Seinen Sohn ließ er nicht im Totenreich.
Auch unsere/n Verstorbene/n
wird er zum Leben erwecken.
Über allen christlichen Gräbern leuchtet die
österliche Sonne der Hoffung:
Wir werden auferstehen.
Christus ist der Erstgeborene,
der Auferstandene von den Toten.

A. Sind wir mit Christus gestorben, so glauben wir, dass wir auch mit ihm leben werden.

L. Ohne Christus steigt niemand empor.
»Ich bin die Auferstehung«, sagt er; »die Stunde kommt, jetzt ist sie da, in der die Toten die Stimme des Gottessohnes hören. Ich bin das Leben. Wer an mich glaubt, wird in Ewigkeit nicht sterben.«

A. Herr, wir glauben, du bist der Messias, den wir erwarten, der Sohn des lebendigen Gottes.

L. Niemand kann mit uns durch den Tod gehen, kein Mensch, auch der Liebste nicht. Nur Christus kann es.
Ohne ihn wären wir allein in dieser dunklen Stunde.
So wie er Mensch geworden ist, so ist er auch wie ein Mensch gestorben. Er kannte den Weg, er glaubte seinem Vater, dass dieser ihn nicht im Tod verlassen, sondern ihn auferwecken würde.
So können wir Christus glauben, dass er uns entgegenkommt und uns zum Vater führt.

A. Herr, wir glauben, dass du bei unseren Verstorbenen bist, du gehst mit denen durch den Tod, die an dich glauben.

L. Das im Tod aufbrechende Leben ist ein Geheimnis.
Erst in der Vollendung dürfen wir schauen, wie Gott ist.
Dies ist das kostbare Erbe, das uns Christus hinterlassen hat.
Wir werden mit ihm bei seinem Vater sein.
»Vater, ich will, dass alle, die du mir gegeben hast, dort bei mir sind, wo ich bin; sie sollen meine Herrlichkeit schauen, die du mir gegeben hast, vor Beginn der Welt.«

A. Dein Reich komme; denn dein ist das Reich und die Kraft und die Herrlichkeit in Ewigkeit. Amen.

Lied

GL 116, 1. »Gott, heilger Schöpfer aller Stern«
6. »Lob, Preis, sei Vater, deiner Kraft«

Fürbitten

(Zu den Fürbitten bitte ich Sie aufzustehen.)

Antwortruf der Gemeinde:

Gottes Wort ist wie Licht in der Nacht

T: Pfarrer Hans-Hermann Bittger © Bistum Essen
M: Kanon für zwei Stimmen, Joseph Jacobsen 1935 © Rechtsnachfolger des Urhebers

V. Gott, du hast uns dein Wort gegeben und deinen Sohn als Licht in diese Welt gesandt, dass er uns leuchte und heimführe zu dir.
Wir bitten dich:

L. Dunkel ist es geworden in den Herzen der Menschen, die einen lieben Angehörigen verloren haben. Für sie – besonders aber für alle, die um N.N. trauern – bitten wir:
Schenke ihnen das Licht deines Trostes.
A. »Gottes Wort ist wie Licht …«

L. Dunkel ist es geworden, denn wir müssen N.N. freigeben in deine guten Hände.
Halte sie/ihn in deiner Liebe geborgen, erbarme dich ihrer/seiner und umfange sie/ihn mit deinem Licht.
A. »Gottes Wort ist wie Licht …«

L. Wir leben im Advent – du kommst zu uns, und wir warten auf dein Kommen.
Erweise dich allen, die an dich glauben, als leuchtender Morgenstern, als aufstrahlendes Licht aus der Höhe.
A. »Gottes Wort ist wie Licht …«

V. Gott, du bist ein Gott der Lebenden, dein Sohn hat uns gelehrt, wie wir beten und bitten können.
So sprechen wir gemeinsam:
A. Vater unser im Himmel …

Meditation

L. »Zu neuen Ufern«
Er, der in dieser Nacht
vorangegangen an neue Ufer,
locke uns von dort, ihm nachzugehen.

Er nehme uns die Angst vor den Tiefen,
die dazwischen liegen,
und lasse unsere Füße
wieder trockenen Boden finden.

Er nehme uns bei der Hand,
und helfe uns aufzustehen dort,
schöner, als die Sonne uns je gesehen. *Verfasser unbekannt*

Schlussgebet

V. Lasset uns beten:
Gott, allgütiger Vater!
Du hast uns deinen Sohn gesandt.
Er hat dieses Leben gelebt
und kennt unsere Ängste, Sorgen und Nöte.
Ja, selbst das Dunkel des Todes hat er durchlitten.
Doch du hast ihn auferweckt aus dem Tod
und uns so das unvergängliche Licht enthüllt.
Auch wenn Trauer und Schmerz auf uns lasten,
sind wir gewiss, dass du uns nicht im Dunkeln lässt.
Dir sei Dank und Preis heute und alle Tage unseres Lebens.
A. Amen.

Segen und Sendung *(Bitten wir Gott um seinen Segen.)*

V. Gott, dein Atem durchströme uns,
deine Liebe erneuere uns,
dein Zuspruch richte uns auf,
unter deinen Flügeln lass uns geborgen sein.
Segne uns, Gott, du Vater, Sohn und Heiliger Geist.
A. Amen.

V. Singet Lob und Preis.
A. Dank sei Gott, dem Herrn.

Schlusslied

GL 113, 1. »Mit Ernst, o Menschenkinder«
2. »Bereitet doch beizeiten«

2 Wir werden seine Herrlichkeit schauen

Totengebet in der Weihnachtszeit

Osterkerze anzünden

Orgelspiel/CD (ca. 3 Minuten vorher beginnen)

Eröffnung

Lied

GL 141, 1. »Ich steh an deiner Krippe hier«
2. »Da ich noch nicht geboren war«
3. »Ich lag in tiefster Todesnacht«

V. Im Namen des Vaters und des Sohnes
und des Heiligen Geistes.
A. Amen.

V. Liebe Schwestern und Brüder!
In einer von Licht und Freude erfüllten Zeit sind wir hier zusammengekommen, um unser Leid und unsere Trauer zu teilen.
Gott hat Frau/Herrn N.N. zu sich heimgerufen.
Das macht uns traurig. Wir brauchen jetzt Menschen, die unsere Traurigkeit mittragen.
Der weihnachtliche Lichterschmuck, Ausdruck der Freude, schmerzt uns heute und kann dieses Gefühl des Verlassenseins nicht mildern.

Im Glauben an das Kind in der Krippe, lasst uns anrufen Jesus Christus, Gottes Sohn, der als Licht in die Welt gekommen ist, Glanz der Herrlichkeit und König aller Zeit.

Kyrie

Bitten wir ihn im Lied um sein Erbarmen:

Lied

GL 129 »Licht, das uns erschien«

Vergebungsbitte

V. Erbarme dich unser, Herr unser Gott, nimm von uns Verzagen und Angst und führe uns und alle Verstorbenen zum ewigen Leben.
A. Amen.

Gebet

V. Lasset uns beten:
Guter und treuer Gott,
du hast uns deinen Sohn gesandt,
damit er bei uns ist an hellen und an dunklen Tagen,
im Leben, im Sterben und im Tod.
Wir bringen vor dich,
was uns freut und was uns wehtut.
Sieh auf uns, lass nicht zu,
dass wir uns in unserer Verzweiflung von dir trennen.
Nimm unsere/n Verstorbene/n N.N. zu dir,
damit sie/er dein Licht schaut und in dir geborgen ist.

Darum bitten wir dich durch Jesus Christus,
unseren Bruder und Herrn,
der mit dir und dem Heiligen Geist
lebt und Leben schenkt heute und in Ewigkeit.
A. Amen.

Evangelium

Einführung in den Lesungstext *(Nehmen Sie bitte Platz.)*

L. Von Liebe müssen wir einfach reden in diesen Tagen, da die Christenheit die Menschwerdung Gottes feiert, das Liebesbekenntnis Gottes zu uns Menschen. Von Gottes unverbrüchlicher Liebe zu uns dürfen wir aber auch gerade jetzt hören, da wir Trauer tragen um einen geliebten Menschen.

L. Aus dem heiligen Evangelium nach Johannes
(Joh 3,16–17.36a)
Gott hat die Welt so sehr geliebt,
dass er seinen einzigen Sohn hingab,
damit jeder, der an ihn glaubt,
nicht zugrunde geht,
sondern das ewige Leben hat.
Denn Gott hat seinen Sohn nicht in die Welt gesandt,
damit er die Welt richtet,
sondern damit die Welt durch ihn gerettet wird.
Wer an den Sohn glaubt, hat das ewige Leben.

Frohe Botschaft unseres Herrn Jesus Christus
A. Lob sei dir, Christus.

Antwort auf die Lesung

(gesungen oder gesprochen)
Kehrvers GL 154 »Dankt dem Vater mit Freude, er schenkt uns seinen Sohn.«

V. Dankt dem Vater mit Freuden,
er schenkt uns seinen Sohn.
A. Dankt dem Vater mit Freuden,
er schenkt uns seinen Sohn.
V. Er hat uns würdig gemacht, das Erbe der Heiligen
zu empfangen, die im Lichte sind.
Er hat uns der Macht der Finsternis entrissen
und aufgenommen in das Reich seines geliebten Sohnes.
A. Dankt dem Vater …

V. In ihm haben wir die Erlösung und die Vergebung
der Sünden.
Er ist das Ebenbild des unsichtbaren Gottes.
Der Erstgeborene der ganzen Schöpfung.
A. Dankt dem Vater …

V. Denn in ihm wurde alles erschaffen im Himmel und auf Erden, das Sichtbare und das Unsichtbare, Thronen und Herrschaften, Mächte und Gewalten, alles ist durch ihn und auf ihn hin geschaffen.
Er ist vor aller Schöpfung, alles hat in ihm Bestand.
A. Dankt dem Vater …

V. Er ist das Haupt des Leibes, der Leib aber ist die Kirche.
Er ist der Ursprung, der Erstgeborene der Toten; so hat er in allem den Vorrang.
A. Dankt dem Vater …

V. Denn Gott wollte in seiner ganzen Fülle in ihm wohnen, um durch ihn alles zu versöhnen. Er wollte alles auf Erden und im Himmel zu Christus führen, der Frieden gestiftet hat durch das Blut seines Kreuzes.
A. Dankt dem Vater …

Besinnung

V. Weihnachten und Ostern, Geburt und Tod sind eng miteinander verbunden, dazwischen liegt unser Leben.
Ein Leben mit Freude und Trauer,
mit Gesundheit und Krankheit,
mit Angst und Sorge,
mit Licht, Dunkel und Tod.

L. Halten wir inne und bedenken wir, wo Frau/Herr N.N. ein Teil unseres Lebens war. *(Stille)*

Wir danken für gemeinsame Stunden, Tage und Jahre, die wir als wertvolle Begegnungen erlebten. *(Stille)*

Wir denken auch an Augenblicke, in denen wir es schwer miteinander hatten. *(Stille)*

Wir bewahren N.N. in unserem Gedächtnis und in unserem Herzen. *(Stille)*

Bei unserem Innehalten werden auch wir daran erinnert, dass wir alle sterblich sind. *(Stille)*

Wir dürfen wissen, für uns selbst und für N.N.: Lebende wie Verstorbene werden nicht aus der Liebe Gottes herausfallen. In Christus sind und bleiben wir miteinander verbunden – auch mit denen, die uns vorausgegangen sind und mit denen, die nach uns kommen werden.

Das ist die Hoffnung, die uns trägt.

Lied

GL 289, 1. »Herr, deine Güt ist unbegrenzt«

Engel des Herrn

V. Der Engel des Herrn brachte Maria die frohe Botschaft,
A. und sie empfing vom Heiligen Geist.
V. Gegrüßet seist du, Maria, voll der Gnade,
der Herr ist mit dir.
Du bist gebenedeit unter den Frauen,
und gebenedeit ist die Frucht deines Leibes, Jesus.
A. Heilige Maria, Mutter Gottes,
bitte für uns Sünder
jetzt und in der Stunde unseres Todes. Amen.

V. Maria sprach: Siehe, ich bin die Magd des Herrn;
A. mir geschehe nach deinem Wort.
V. Gegrüßet seist du, …
A. Heilige Maria, …
V. Und das Wort ist Fleisch geworden
A. und hat unter uns gewohnt.
V. Gegrüßet seist du, …
A. Heilige Maria, …

V. Bitte für uns, heilige Gottesmutter,
A. dass wir würdig werden der Verheißungen Christi.

V. Lasset uns beten:
Gütiger Gott, gieße deine Gnade in unsere Herzen ein.
Durch die Botschaft des Engels
haben wir die Menschwerdung Christi, deines Sohnes, erkannt.
Lass uns durch sein Leiden und Kreuz
zur Herrlichkeit der Auferstehung gelangen.
Darum bitten wir durch Christus, unseren Herrn.
A. Amen.

V. Herr, gib unseren Verstorbenen die ewige Ruhe.
A. Und das ewige Licht leuchte ihnen.
V. Lass sie leben in deinem Frieden.
A. Amen.

Segen und Sendung

(Bitten wir Gott um seinen Segen.)

V. Großer und barmherziger Gott,
du Beschützer aller, die auf dich vertrauen.
Segne uns, die wir in deinem Namen versammelt sind.
Sei mit uns auf unseren Wegen
und schütze uns, wenn die Trauer uns zu erdrücken droht,
du unsere Hoffnung und Zuversicht.
Der Segen des barmherzigen Gottes,
des Vaters, des Sohnes und des Heiligen Geistes
sei und bleibe bei uns in Zeit und Ewigkeit.
A. Amen.

V. Singet Lob und Preis!
A. Dank sei Gott, dem Herrn

Lied: Von guten Mächten wunderbar geborgen

2. Noch will das Alte unsere Herzen quälen,
noch drückt uns böser Tage schwere Last.
Ach, Herr, gib unseren aufgescheuchten Seelen
das Heil, das du für uns bereitet hast.
Refrain

6. Wenn sich die Stille nun tief um uns breitet,
so lass uns hören jenen vollen Klang der Welt,
die unsichtbar sich um uns weitet,
all Deiner Kinder hohen Lobgesang.
Refrain

3 Im Tod ist das Leben

Totengebet in der Fastenzeit

Osterkerze anzünden

Orgelspiel/CD (ca. 3 Minuten vorher beginnen)

Eröffnung

Lied

GL 163, 1. »Aus tiefer Not schrei ich zu dir«
2. »Es steht bei deiner Macht allein«
3. »Und ob es währt bis in die Nacht«

V. Im Namen des Vaters und des Sohnes
und des Heiligen Geistes.
A. Amen.

Einführung

V. Liebe Schwestern und Brüder im Herrn,
wir haben uns versammelt, um von unserer Schwester (unserem Bruder) N.N. Abschied zu nehmen. Gott ist es, der uns trägt und hält auf allen Wegen, die wir gehen, auch heute. Wenn wir nicht an die Auferstehung der Toten glauben würden, wäre unser Singen und Beten sinnlos.
So aber haben wir auch in der Trauer begründete Hoffnung und wissen, dass der Herr über Lebende und Tote in unserer Mitte ist. Bitten wir ihn um sein Erbarmen.

Kyrie

V. Herr über Leben und Tod, du bist uns nahe.
Wir kommen mit Klage, Dank und Bitten zu dir.
Deine Nähe und Güte dürfen wir loben und preisen:

V. Kyrie eleison
A. Kyrie eleison

V. Christe eleison
A. Christe eleison

V. Kyrie eleison
A. Kyrie eleison

Gebet

V. Lasset uns beten:
In dieser Stunde, da wir um N.N. trauern, blicken wir auf Gott.
Wir stehen ohnmächtig vor der Macht des Todes.
Wir bitten dich, Gott, du Herr über Leben und Tod, nimm unsere/n Verstorbene/n N.N. auf in deinen ewigen Frieden, in die Gemeinschaft des Himmels, und schenke den Angehörigen und allen, die um N.N. trauern, Trost.
Darum bitten wir durch Jesus Christus, deinen Sohn, der für uns gestorben ist und den Tod überwunden hat und mit dir und dem Heiligen Geist lebt und Leben gibt jetzt und alle Tage bis in Ewigkeit.
A. Amen.

Lesung

L. Einführung in den Lesungstext *(Nehmen Sie bitte Platz.)*
Ein Prophet, der im Buch Jesaja nicht namentlich genannt wird, weist schon etwa um die Zeit 700 v. Chr., als sich Juda im Babylonischen Exil befand, auf das rettende Eingreifen Gottes hin.

L. Lesung aus dem Buch Jesaja *(Jes 43,1–3a)*
Jetzt aber – so spricht der Herr,
der dich geschaffen hat, Jakob,
und der dich geformt hat, Israel:
Fürchte dich nicht, denn ich habe dich ausgelöst,
ich habe dich beim Namen gerufen, du gehörst mir.
Wenn du durchs Wasser schreitest, bin ich bei dir,
wenn durch Ströme, dann reißen sie dich nicht fort.
Wenn du durchs Feuer gehst, wirst du nicht versengt,
keine Flamme wird dich verbrennen.
Denn ich, der Herr, bin dein Gott,
ich, der Heilige Israels, bin dein Retter.

Wort des lebendigen Gottes.
A. Dank sei Gott.

Antwortpsalm

Psalm 84 (GL 649, 1 + 2)
(im Wechsel gesungen oder gesprochen)

Kehrvers »Selig, die bei dir wohnen, Herr, die dich loben alle Zeit.«

1. Wie liebenswert ist deine Wohnung, Herr der Heerscharen! / Meine Seele verzehrt sich in Sehnsucht * nach dem Tempel des Herrn.

2. Mein Herz und mein Leib jauchzen ihm zu, *
ihm, dem lebendigen Gott.

Kehrvers »Selig, die bei dir wohnen, Herr …«

3. Auch der Sperling findet ein Haus /
und die Schwalbe ein Nest für ihre Jungen – *
deine Altäre, Herr der Heerscharen, mein Gott und mein König.

4. Wohl denen, die wohnen in deinem Haus, *
die dich allezeit loben!

Kehrvers »Selig, die bei dir wohnen, Herr …«

5. Wohl den Menschen, die Kraft finden in dir, *
wenn sie sich zur Wallfahrt rüsten.

6. Ziehen sie durch das trostlose Tal, / wird es für sie zum Quellgrund, *
und Frühregen hüllt es in Segen.

Kehrvers »Selig, die bei dir wohnen, Herr …«

7. Sie schreiten dahin mit wachsender Kraft; *
dann schauen sie Gott auf dem Zion.

8. Herr der Heerscharen, höre mein Beten, *
vernimm es, Gott Jakobs!

Kehrvers »Selig, die bei dir wohnen, Herr …«

– *Stille* –

Lied

GL 183, 1. »Wer leben will wie Gott auf dieser Erde«
2. »Er geht den Weg, den alle Dinge gehen«
3. »Der Sonne und dem Regen preisgegeben«
4. »Die Menschen müssen füreinander sterben«
5. »Den gleichen Weg ist unser Gott gegangen«

Fürbitten

(Steine bereitstellen, leichtes Tuch, violett oder schwarz, vor dem Altar drapiert)

V. *Wer möchte, kann während der Fürbitten einen Stein auf das Tuch vor dem Altar legen, um zum Ausdruck zu bringen, dass Gott all unsere Lasten mitträgt und am Ende unserer Tage von uns nimmt. (Ich bitte Sie, zu den Fürbitten aufzustehen.)*

V. Wir halten Fürbitte.

V. Zu Jesus Christus, der ganz Mensch geworden ist, der Schmerz und Leid erfahren hat, beten wir und tragen vor ihn unsere Trauer, unsere Bitten und Anliegen.

L. Für alle, die um N.N. trauern und weinen erbitten wir Kraft, den Tod als Teil des Lebens anzunehmen, und Zuversicht, dass der Tod nicht das letzte Wort hat.
A. Christus, du Auferstandener von den Toten, erbarme dich unser.

L. Wir tragen vor dich das Leben und Sterben von N.N. und bitten dich: Sieh ihren/seinen Glauben an dich, ihre/seine Treue zu dir, wandle ihre/seine Schwachheiten und nimm sie/ihn auf in die Wohnungen deines Vaters.
A. Christus, …

L. Wir bitten dich um Trost und Hoffnung für alle, die in diesen Tagen einen lieben Menschen begraben müssen.
A. Christus, …

L. Wir bitten dich für alle Verstorbenen in unserer Gemeinde: Lass sie in deiner Liebe geborgen sein.
A. Christus, …

L. Wir bitten dich für alle, die niemanden haben, der ihr Leid und Leben mit trägt. Sei du ihnen nahe und begleite sie auf ihrem Weg.
A. Christus, …

V. Herr unser Gott, du weißt um uns und kennst uns.
All unsere Bitten und unseren Dank legen wir jetzt in das Gebet, das Christus selbst uns zu beten gelehrt hat:

A. Vater unser im Himmel …

L. Meditation

– Bitte für einen Toten –

Du unser Herr,
bist unser Bruder geworden,
hast dich hingegeben
in unser Leben,
in unsere Einsamkeit,
in unseren Tod.

Von allen Freunden verlassen,
schändlich zu Tode gebracht,
bist du umfangen
von der Zärtlichkeit deiner Mutter,
von ihrer Treue,
dem Abglanz deiner Liebe.

Herr und Bruder,
du kennst den Tod.
Er hat einen unserer Lieben gepackt,
hat ihn hineingenommen in seine Macht.
Doch du hast seine Macht gebrochen.
Tod, wo ist dein Sieg?
Du unser Bruder und Herr,
wir bitten dich:
Leih deinen Platz
im Schoß deiner Mutter
unserem lieben Toten.

Auf dich hat er vertraut
und deine Mutter geliebt.
So ist er dir nachgefolgt
und uns im Glauben vorangegangen.
Dafür danken wir dir.

Gabriele Miller,
Ob du mich hörst?
Kösel-Verlag in der Verlagsgruppe Random House,
München 2000

Schlussgebet

V. Lasset uns beten:
Herr, unser Gott, wir danken dir.
Lass uns nicht versinken
in Mutlosigkeit und Verzweiflung,
sondern tröste uns durch deine Gegenwart.
Die Kraft deiner Liebe hat uns gestärkt,
sie ist stärker als der Tod.
Mit unseren Verstorbenen führe auch uns
zum neuen und ewigen Leben.
Darum bitten wir dich durch Jesus Christus,
deinen Sohn, der mit dir und dem Heiligen Geist
lebt und Leben spendet jetzt und immerdar.
A. Amen.

Segen und Sendung

V. Bitten wir Gott um seinen Segen.

V. Es segne uns Gott, der Vater,
der uns nach seinem Bild geschaffen hat.

Es segne uns Gott, der Sohn,
der uns durch sein Leiden und Sterben erlöst hat.

Es segne uns Gott, der Heiligen Geist,
der uns zum Leben gerufen und geheiligt hat.

Gott, der Vater und der Sohn und der Heiligen Geist,
er sei uns gnädig und gebe uns Frieden und ewiges Leben.
A. Amen.

V. Gehen wir nun getröstet unseren Weg und bringen Frieden.
A. Dank sei Gott, dem Herrn.

Schlusslied

GL 292, 1. »Herr, dir ist nichts verborgen«
3. »Und wollt ich mich verhüllen«
5. »Dir will ich Dank bezeugen«

4 Christus ist erstanden, halleluja!

Totengebet in der Osterzeit

Osterkerze anzünden

Orgelspiel/CD (ca. 3 Minuten vorher beginnen)

Eröffnung

Lied

GL 208, 1. »O Licht der wunderbaren Nacht«
2. »O Licht der lichten Ewigkeit«
3. »O Licht, viel heller als der Tag«

V. Im Namen des Vaters und des Sohnes und des Heiligen Geistes.
A. Amen.

Einführung

V. Liebe Mitchristen,
wir müssen Abschied nehmen von Frau/Herrn N.N.
Unsere Herzen sind schwer und mit Trauer gefüllt, und dennoch haben wir eben von Freude und Frieden gesungen. Grüßen wir einander mit dem Ruf: Christus ist erstanden, Halleluja!

V. Christinnen und Christen feiern Ostern, den Sieg des Lebens über den Tod.

50 Tage hören und singen wir Texte, die das österliche Geschehen beschreiben und umschreiben.
Christus ist erstanden!
Er hat den Tod bezwungen!
Er ist durch die Nacht des Todes gegangen
und hat alle erlöst.
Darauf lassen Sie uns fest vertrauen und Jesus Christus um Erbarmen bitten, der die Welt vom Tod zum Leben geführt hat.

Kyrie

Lied GL 213, 1. »Christ ist erstanden«
2. »Wär er nicht erstanden«
3. »Halleluja, Halleluja«

Vergebungsbitte

V. Erbarme du dich, o Gott, in deiner großen Güte und Barmherzigkeit, nimm von uns unsere Verzweiflung und Trauer und schenke uns deinen Frieden.
Darum bitten wir dich durch deinen auferstandenen Sohn, Jesus Christus, unseren Bruder und Herrn, der mit dir und dem Heiligen Geist lebt und wirkt in Raum und Ewigkeit.
A. Amen.

Gebet

V. Lasset uns beten:
Gott, unser Vater,
das Gute, das von dir kommt, lehre uns zu sehen und anzunehmen.

Lass uns deinen Willen erkennen und mit deiner Hilfe auch danach handeln.
Wir bitten dich:
Nimm N.N., die/den wir geliebt und geachtet haben, zu dir in deine himmlische Wohnung.
Mit deinem Sohn und dem Heiligen Geist sei dir Ehre und Lobpreis jetzt und in Ewigkeit.
A. Amen.

Evangelium

L. Einführung in den Lesungstext
Der Verlust eines geliebten Freundes treibt die Frauen Maria aus Mágdala, Maria, die Mutter des Jakobus, und Salome zum Grab. Einen letzten Liebesdienst wollen sie ihm erweisen, sie wollen ihn salben mit wohlriechenden Ölen und sich dann ihrer Trauer überlassen.
Doch das Grab ist leer.
Erst jetzt, an der Stelle, wo sie ihn zu finden glaubten, erkennen sie, dass ihre Liebe über den Tod hinaus zum Leben führt. Jesus ist von den Toten auferstanden.
Auch in uns kann dieses Wunder geschehen, wenn wir mit unseren Verstorbenen in Liebe verbunden bleiben und so in der Hoffnung auf die Auferstehung der Toten leben.

Hören wir nun die frohe Botschaft aus dem Markusevangelium.
(Ich möchte Sie bitten, dazu aufzustehen.)

L. Aus dem heiligen Evangelium nach Markus *(Mk 16,1–7)*
Als der Sabbat vorüber war,
kauften Maria aus Mágdala,
Maria, die Mutter des Jakobus
und Salome wohlriechende Öle,
um damit zum Grab zu gehen
und Jesus zu salben.
Am ersten Tag der Woche kamen sie in aller Frühe zum Grab,
als eben die Sonne aufging.
Sie sagten zueinander:
Wer könnte uns den Stein
vom Eingang des Grabes wegwälzen?
Doch als sie hinblickten,
sahen sie, dass der Stein schon weggewälzt war;
er war sehr groß.
Sie gingen in das Grab hinein
und sahen auf der rechten Seite einen jungen Mann sitzen,
der mit einem weißen Gewand bekleidet war;
da erschraken sie sehr.
Er aber sagte zu ihnen: Erschreckt nicht!
Ihr sucht Jesus von Nazaret, den Gekreuzigten.
Er ist auferstanden;
er ist nicht hier.
Seht, da ist die Stelle,
wo man ihn hingelegt hatte.
Nun aber geht und sagt seinen Jüngern, vor allem Petrus:
Er geht euch voraus nach Galiläa;
dort werdet ihr ihn sehen,
wie er es euch gesagt hat.

Frohe Botschaft unseres Herrn Jesus Christus
A. Lob sei dir, Christus

Antwort auf den biblischen Text

Lied GL 298, 1. »Herr, unser Herr, wie bist du zugegen«
2. »Du bist nicht fern, denn die zu dir beten«
5. »Herr, unser Herr, wie bist du zugegen«

Wechselgebet *(Nehmen Sie bitte Platz.)*

V. Vor seinem Leiden tröstete Jesus seine Jünger und sagte zu ihnen:
»Noch kurze Zeit, dann seht ihr mich nicht mehr, und wieder eine kurze Zeit, dann werdet ihr mich schauen.
Jetzt seid ihr traurig, aber ich werde euch wieder sehen und euer Herz wird sich freuen und eure Freude wird euch niemand mehr nehmen.«
Der Tod Jesu war der Anfang des neuen Lebens.
Von dieser Stunde an ist der österliche Christus bei uns »alle Tage bis zur Vollendung der Welt«.

Kehrvers

V. Singet dem Herrn ein neues Lied;
er ist auferstanden aus dem Grab.

A. Singet dem Herrn ein neues Lied;
er ist auferstanden aus dem Grab.

Psalm 27 *(GL 719)*

(im Wechsel zwischen rechter und linker Seite)
(r) Vernimm, o Herr, mein lautes Rufen; *
sei mir gnädig und erhöre mich.

(l) Mein Herz denkt an dein Wort: »Sucht mein Angesicht!« *
Dein Angesicht, Herr, will ich suchen.

(r) Herr, ich vertrau auf dich; *
ich sage: Du bist mein Gott.

(l) Lass dein Angesicht leuchten über deinem Knecht; *
hilf mir in deiner Güte.

(r) Ich suche den Herrn und er hat mich erhört; *
er hat mich all meinen Ängsten entrissen.

(l) Blickt auf zu ihm, und euer Gesicht wird leuchten, *
und ihr braucht nicht zu erröten.

A. Singt dem Herrn ein neues Lied;
er ist auferstanden aus dem Grab.

Lied

GL 300, 1. »Solang es Menschen gibt auf Erden«
4. »Du bist das Licht, schenkst uns das Leben«
5. »Darum muss jeder zu dir rufen«

Fürbitten

(Vor die Osterkerze ein leichtes weißes Tuch legen, Vigilkerzen und eine Schale mit Sand bereitstellen, so dass zu den einzelnen Fürbitten jeweils ein Licht an der Osterkerze entzündet werden kann.)

Antwortruf GL 564 »Christus Sieger, Christus König, Christus Herr in Ewigkeit.«

V. Lasst uns mit Jesus Christus unsere Bitten vor Gott, unseren Vater, bringen.

V. Unser Vater im Himmel:
Du hast deinen Sohn in die Welt gesandt, damit wir das ewige Leben haben.
Durch ihn, den von den Toten Auferstandenen, bitten wir dich:

L. Geheiligt werde dein Name:
Durch den Tod und die Auferstehung deines Sohnes hast du uns geheiligt.
Nimm auch unsere/n Verstorbene/n N.N. auf zu dir und schenke ihr/ihm ein Leben in Fülle.
A. »Christus Sieger, Christus König, ...«

L. Dein Reich komme:
Unser irdisches Leben ist unvollkommen und zerbrechlich.
Wir glauben, dass der Tod der Anfang eines neuen ewigen Lebens ist.
Stärke unseren Glauben.
A. »Christus Sieger, Christus König, ...«

L. Dein Wille geschehe, wie im Himmel, so auf Erden:
Deinen Willen können wir nicht immer verstehen, wir zweifeln und stellen ihn oft in Frage.
Wir bitten dich um Einsicht und Geduld, die Dinge annehmen zu können, die wir nicht ändern können.
A. »Christus Sieger, Christus König, …«

L. Unser tägliches Brot gib uns heute:
»Der Mensch lebt nicht vom Brot allein, sondern von jedem Wort, das aus dem Munde Gottes kommt.«
Lass uns dein Wort als geistige Nahrung aufnehmen und an deine Verheißung glauben.
A. »Christus Sieger, Christus König, …«

L. Und vergib uns unsere Schuld, wie auch wir vergeben unseren Schuldigern:
Zu leicht übersehen wir, dass wir einander schuldig werden, verletzen, übel nachreden, achtlos vorübergehen, nicht verzeihen können. Wir bitten dich, dass dein Geist uns lehrt, achtsam mit unseren Mitmenschen umzugehen.
A. »Christus Sieger, Christus König, …«

L. Und führe uns nicht in Versuchung:
Immer wieder stehen wir vor Entscheidungen, die anderen schaden und uns nützen. Hilf uns, wahrhaftig zu sein und die Würde des anderen zu achten.
A. »Christus Sieger, Christus König, …«

L. Sondern erlöse uns von dem Bösen:
Für alle Verstorbenen, für N.N. und auch für uns bitten wir dich:
Verwandle unsere Unvollkommenheit und lass uns dein Erbarmen erfahren.
A. »Christus Sieger, Christus König, …«

V. Denn dein ist das Reich und die Kraft und die Herrlichkeit in Ewigkeit.
A. Amen.

Lied

GL 634, 1. »Dank sei dir Vater.«
6. »Gedenke, Herr, die Kirche …«

Schlussgebet

V. Vater im Himmel,
vor deiner Macht ist unser Leben klein;
du machst es groß durch deine Zuwendung und Liebe, die du uns erwiesen hast in Jesus Christus, deinem Sohn.
Deiner Liebe empfehlen wir N.N., aber auch uns selbst, die wir um sie/ihn weinen und trauern. Tröste uns und vollende uns dereinst in deiner Liebe.
Darum bitten wir durch Christus, unseren Herrn.
A. Amen.

(Wir bitten um Gottes Segen.)

Segen und Sendung

V. Guter Gott, bewahre und behüte uns,
sei mit uns in allem Leiden.
Dein Licht sei uns Orientierung und Wegweiser,
in guten und in schweren Zeiten.
Sei Quelle und Brot in Wüstennot,
sei um uns mit deinem Segen.

So segne uns der tröstende und liebende Gott,
der Vater, der Sohn und der Heilige Geist.
A. Amen.

V. Singet Lob und Preis!
A. Dank sei Gott, dem Herrn.

Schlusslied

GL 226, 1. »Nun freut euch hier und überall«
4. »Ich will von Sünden auferstehen«

5 Komm, Heiliger Geist, der Leben schafft

Totengebet zwischen dem Sonntag vor Pfingsten und Fronleichnam

Osterkerze anzünden

Orgelspiel/CD (ca. 3 Minuten vorher beginnen)

Eröffnung

Lied: GL 241,1–7 »Komm Heiliger Geist der Leben schafft« *(Hymnus, sollte nach Möglichkeit komplett gesungen werden)*

V. »Im Namen des Vater und des Sohnes und des Heiligen Geistes.«
A. Amen.

Einführung

Christus hat uns den Beistand des Heiligen Geistes verheißen. Lasst uns deshalb uns selbst und unser Gebet für unsere Toten dem Wirken des Heiligen Geistes anvertrauen:
dem guten Geist Gottes, dem Tröster,
der unser Weinen, Klagen und Beten vor Gott bringt,
dem Geist, der uns in der Taufe geschenkt wurde.
Bitten wir den Heiligen Geist, uns zu durchdringen und zu beleben, jetzt, da wir versammelt sind, weil N.N. gestorben ist und wir so dringend seine Nähe brauchen.

Bitten wir um Trost und Hoffnung und Kraft, einander zu tragen.
Bitten wir um sein Erbarmen.

Kyrie

Lied

GL 246 »Send uns deines Geistes Kraft«

Vergebungsbitte

V. Christus, Herr, erbarme dich und verzeih uns unseren Kleinglauben. Dein Geist leuchte in uns, damit wir getröstet werden und gestärkt den Weg gehen, den du uns führst.
A. Amen.

Gebet

V. Lasset uns beten:
Gott der Güte und der Liebe,
die Gegenwart deines Sohnes macht unsere Finsternis hell.
Entzünde in uns das Feuer deines Geistes.
Lass uns deine Botschaft hören und weitersagen,
damit wir einmütig Christus verkünden.
Nimm unsere/n Verstorbene/n N.N. zu dir und schenke allen, die um sie/ihn trauern, Trost und neuen Lebensmut.

Darum bitten wir dich durch Jesus Christus, deinen Sohn, der mit dir und dem Heiligen Geist lebt und Leben spendet jetzt und in Ewigkeit.
A. Amen.

Lesung

Einführung in den Lesungstext *(Nehmen Sie bitte Platz.)*
L. Der Priester und Prophet Ezechiel berichtet von der Erneuerung des Volkes Israel. Gott erbarmt sich seines Volkes; doch zugleich verpflichtet der Prophet das Volk Israel auf die Treue zu Gott und zum eigenen verantwortlichen Handeln.
Immer wieder wird uns verkündigt, dass Gott ein Gott der Liebe ist, der erneuert, liebt und alles zum Guten wendet. Versuchen wir den folgenden alttestamentlichen Text aufzunehmen als eine erneute Zusage, dass Gott auch uns nicht im Tod lässt, sondern uns ein neues Herz und einen neuen Geist schenkt.

L. Lesung aus dem Buch Ezechiel *(Ez 36,24–28)*
So spricht Gott, der Herr:
Ich hole euch heraus aus allen Völkern,
ich sammle euch aus allen Ländern
und bringe euch in euer Land.
Ich gieße reines Wasser über euch aus,
dann werdet ihr rein.
Ich reinige euch von aller Unreinheit
und von allen euren Götzen.
Ich schenke euch ein neues Herz
und lege einen neuen Geist in euch.
Ich nehme das Herz von Stein aus eurer Brust
und gebe euch ein Herz von Fleisch.
Ich lege meinen Geist in euch.
Dann werdet ihr in dem Land wohnen,
das ich euren Vätern gab.

Ihr werdet mein Volk sein
und ich werde euer Gott sein.

Wort des lebendigen Gottes.
A. Dank sei Gott.

Antwort auf die Lesung

Lied

GL 249, 1. »Der Geist des Herrn erfüllt das All«
2. »Der Geist des Herrn erweckt den Geist«
3. »Der Geist des Herrn treibt Gottes Sohn«

Rosenkranzgebet

V. Durch die Taufe sind wir mit Christus im Heiligen Geist verbunden. Mit ihm haben die Lebenden und die Toten Teilhabe am ewigen Leben. Unsere Trauer wird kleiner,
wenn wir auf dieses ewige Leben hoffen.
Bekennen wir jetzt unseren Glauben und beten wir anschließend drei Gesätze des glorreichen Rosenkranzes.

V. Ich glaube an Gott,
den Vater, den Allmächtigen,
den Schöpfer des Himmels und der Erde,
und an Jesus Christus,
seinen eingeborenen Sohn,
unsern Herrn,
empfangen durch den Heiligen Geist,
geboren von der Jungfrau Maria,
gelitten unter Pontius Pilatus,

gekreuzigt, gestorben und begraben,
hinabgestiegen in das Reich des Todes,
am dritten Tage wieder auferstanden von den Toten,
aufgefahren in den Himmel;
er sitzt zur Rechten Gottes,
des allmächtigen Vaters;
von dort wird er kommen,
zu richten die Lebenden und die Toten.

A. Ich glaube an den Heiligen Geist,
die heilige katholische Kirche,
Gemeinschaft der Heiligen,
Vergebung der Sünden,
Auferstehung der Toten und das ewige Leben.
Amen.

V. Vater unser im Himmel …
A. Unser tägliches Brot …
V. Gegrüßet seist du, Maria, voll der Gnade,
der Herr ist mit dir.
Du bist gebenedeit unter den Frauen
und gebenedeit ist die Frucht deines Leibes,
Jesus, der in uns den Glauben vermehre.
A. Heilige Maria, Mutter Gottes, bitte für uns Sünder jetzt
und in der Stunde unseres Todes.

V. Gegrüßet seist du, Maria, …
Jesus, der in uns die Hoffnung stärke.
A. Heilige Maria, …

V. Gegrüßet seist du, Maria …
Jesus, der in uns die Liebe entzünde.
A. Heilige Maria, …

V. Ehre sei dem Vater und dem Sohn und dem Heiligen Geist.
A. Wie im Anfang, so auch jetzt und alle Zeit und in Ewigkeit. Amen.

V. Vater unser im Himmel …
A. Unser tägliches Brot …
V. Gegrüßet seist du, Maria, …
Jesus, der in den Himmel aufgefahren ist.
A. Heilige Maria, …
(zehnmal wiederholen)
V. Ehre sei dem Vater …
A. Wie im Anfang, …

V. Vater unser im Himmel …
A. Unser tägliches Brot …
V. Gegrüßet seist du, Maria, …
Jesus, der uns den Heiligen Geist gesandt hat.
A. Heilige Maria, …
(zehnmal wiederholen)
V. Ehre sei dem Vater …
A. Wie im Anfang, …

V. Vater unser im Himmel …
A. Unser tägliches Brot …

V. Gegrüßet seist du, Maria, …
Jesus, der alles vollenden wird.

A. Heilige Maria, …
(zehnmal wiederholen)
V. Ehre sei dem Vater …
A. Wie im Anfang, …

Lied

GL 248, 1. »Nun bitten wir den Heiligen Geist«
2. »Du heller Schein, du lebendig Licht«
3. »Du stille Macht, du verborgne Kraft«

Fürbitten

V. Heiliger Gott, der du die unfassbare Liebe bist. In der Kraft des Heiligen Geistes, des Feuers deiner Liebe, kommen wir zu dir mit unserem Gebet und bitten:

L. Schenke deine Lebenskraft all denen neu, die verzweifelt und mutlos geworden sind, weil sie einen geliebten Menschen verloren haben.
A. Heiliger Geist, o Tröster mein, kehr in unsere Herzen ein.

L. Lass deinen Gläubigen zur Gewissheit werden, dass die in Christus Verstorbenen in deiner Liebe geborgen sind. Nimm auch Frau/Herrn N.N. zu dir und schenke ihr/ihm Leben in Fülle.
A. Heiliger Geist, …

L. Stärke alle, die unter der Last und dem Leid ihres Lebens zu zerbrechen drohen und sei ihnen Beistand und Tröster.,
A. Heiliger Geist, …

L. Schenke allen Christen den festen und ungebrochen Glauben an dich, den heiligen Gott, der uns mit seiner großen Liebe beschenkt.
A. Heiliger Geist, …

L. Sei mit allen, denen du deine Schöpfung anvertraut hast, dass wir sie in deinem Geist gestalten und erhalten.
A. Heiliger Geist, …

V. Gott Vater, Gott Sohn, Gott Heiliger Geist, du bist der drei-eine Gott, du nimmst uns an in deiner großen Liebe. Dafür danken wir dir und beten voll Vertrauen:
A. Vater unser im Himmel …

Schlussgebet

V. Lasset uns beten:
Gott, Vater im Himmel,
in dieser Feier waren wir deine Gäste,
eingeladen durch deinen Sohn.
Er ist uns Kraft und Stärke in den Stürmen unseres Lebens.
Begleite unsere Tage,
durch den Beistand des Heiligen Geistes,
bis er auch uns heimführt in dein himmlisches Reich.
Darum bitten wir dich durch Jesus Christus, im Heiligen Geist.
A. Amen.

Segen und Sendung

Lied
Bewahre uns, Gott

2. Bewahre uns, Gott, behüte uns Gott,
sei mit uns in allem Leiden.
Voll Wärme und Licht im Angesicht,
sei nahe in schweren Zeiten,
voll Wärme und Licht im Angesicht,
sei nahe in schweren Zeiten.

V. So segne uns der gute und barmherzige Gott,
der Vater, der Sohn und der Heilige Geist.
A. Amen.

V. Singet Lob und Preis!
A. Dank sei Gott, dem Herrn.

Schlusslied

3. Bewahre uns, Gott, behüte uns, Gott,
sei mit uns vor allem Bösen.
Sei Hilfe, sei Kraft, die Frieden schafft,
sei in uns, uns zu erlösen,
sei Hilfe, sei Kraft, die Frieden schafft,
sei in uns, uns zu erlösen.

4. Bewahre uns, Gott, behüte uns, Gott,
sei mit uns durch deinen Segen.
Dein Heiliger Geist, der Leben verheißt,
sei um uns auf unsern Wegen,
dein Heiliger Geist, der Leben verheißt,
sei um uns auf unsern Wegen.

6 Dein ist das Reich und die Kraft und die Herrlichkeit

Totengebet im Jahreskreis

Osterkerze anzünden

Orgelspiel/CD (ca. 3 Minuten vorher beginnen)

Eröffnung

Lied

GL 298, 1. »Herr, unser Herr«
2. »Du bist nicht fern«

V. Der Herr über Leben und Tod ist in unserer Mitte.
Beginnen wir diese gottesdienstliche Feier:
Im Namen des Vaters und des Sohnes und des Heiligen Geistes.
A. Amen.

V. Unsere Hilfe ist im Namen des Herrn.
A. Der Himmel und Erde erschaffen hat.
V. Herr, erhöre unser Gebet
A. und lass unser Rufen zu dir kommen.

V. Wir sind zusammengekommen, um im gemeinsamen Gebet unseren Schmerz über den Tod von N.N. vor Gott auszusprechen.

Wir bitten Gott, dass er N.N. aufnehme in sein Reich der Liebe und des Friedens und uns Kraft und Trost schenke.

Kyrie

V. Herr Jesus Christus, du bist für uns in den Tod gegangen.
Herr, erbarme dich.
A. Herr, erbarme dich.

V. Herr Jesus Christus, du hast den Tod überwunden.
Christus, erbarme dich.
A. Christus, erbarme dich.

V. Herr Jesus Christus, du nimmst uns auf in das Reich deines Vaters.
Herr, erbarme dich.
A. Herr, erbarme dich.

Lied

GL 289, 1. »Herr, deine Güt ist unbegrenzt«
2. »Bei dir, Herr, ist des Lebens Quell«

Gebet

Lasset uns beten:
Ewiger Gott, Herr des Lebens,
dein Sohn ist uns im Leben und im Sterben vorausgegangen.
Er hat gesagt: »Ich bin die Auferstehung und das Leben,
wer an mich glaubt, wird leben, auch wenn er stirbt.«
N.N., um die/den wir trauern, hat diesen Glauben gelebt und

ist in diesem Glauben gestorben. Wir legen sie/ihn zurück in deine Hände. Wir glauben, dass du unser aller Vater bist und N.N. mit deiner Liebe umfängst.
Vollende du, was unfertig geblieben ist,
und schenke ihr/ihm
in deiner großen Barmherzigkeit das Leben in Fülle.
Uns aber, die wir noch auf dem Weg sind, lass deine Hilfe erfahren, damit wir den Weg finden, der zu dir führt.
Darum bitten wir dich durch Christus, im Heiligen Geist.
A. Amen.

Lesung

Einführung in die Lesung *(Nehmen Sie bitte Platz.)*
L. Auch wenn sich alles in uns gegen den Tod sträubt, glauben wir als Christen, dass dieses Leben auf seine Vollendung in Gott zuläuft, die er uns schenken wird.
Von dieser Hoffnung spricht der zweite Brief des Apostels Paulus an die Korinther.

L. Lesung aus dem zweiten Brief des Apostels Paulus an die Korinther *(2 Kor 5,1.6–10)*
Wir wissen:
Wenn unser irdisches Zelt abgebrochen wird,
dann haben wir eine Wohnung bei Gott,
ein nicht von Menschenhand errichtetes ewiges Haus im Himmel.
Wir sind aber immer zuversichtlich,
auch wenn wir wissen, dass wir fern vom Herrn in der Fremde leben, solange wir in diesem Leib zu Hause sind;
denn als Glaubende gehen wir unseren Weg,
nicht als Schauende.

Weil wir aber zuversichtlich sind, ziehen wir es vor,
aus dem Leib auszuwandern und daheim beim Herrn zu sein.
Deswegen suchen wir unsere Ehre darin, ihm zu gefallen,
ob wir daheim oder in der Fremde sind.
Denn wir alle müssen vor dem Richterstuhl Christi offenbar werden, damit jeder seinen Lohn empfängt für das Gute oder Böse, das er im irdischen Leben getan hat.

Wort des lebendigen Gottes.
A. Dank sei Gott.

Antwort auf die Lesung

Lied GL 295, 1. »Wer nur den lieben Gott lässt walten«
3. »Sing, bet und geh auf Gottes Wegen«

Meditatives Wechselgebet

(Teelichter bereitstellen und die Gemeinde einladen, sie während der Stille anzuzünden und vor die Osterkerze zu stellen. Eventuell ein Tuch vor der Osterkerze drapieren. Die Gebetsgedanken langsam und meditativ sprechen.)

V. Unsere Lebenszeit sind Jahre – Tage – Stunden – Augenblicke.
Darin eingebettet:
empfangen und geboren werden, wachsen und reifen, nehmen und geben, loslassen und sterben.
Wir Christinnen und Christen vertrauen darauf, dass unser Leben, Sterben und unsere ewige Zukunft in den Händen Gottes liegt.
– Stille – (Kerze anzünden)

V. Mit unserem Herrn und Bruder Jesus Christus beten wir:
A. Vater, in deine Hände lege ich meinen Geist.

V. Jedes Leben kennt Schönes und Wertvolles –
Erreichtes und Gelungenes.
Dafür sind wir dankbar.
– Stille – (Kerze anzünden)

V. Mit unserem Herrn Jesus Christus beten wir:
A. Vater, in deine Hände lege ich meinen Geist.

V. Da ist aber auch das Bruchstückhafte –
das Unvollendete – das Zerbrochene –
all das, wo wir (auch in der Begegnung mit N.N.) gescheitert sind.
– Stille – (Kerze anzünden)

V. Mit unserem Herrn Jesus Christus beten wir:
A. Vater, in deine Hände lege ich meinen Geist.

V. Heilsames dürfen wir erleben und Wohltuendes –
Aufrichtendes und Ermutigendes.
– Stille – (Kerze anzünden)

V. Mit unserem Herrn Jesus Christus beten wir:
A. Vater, in deine Hände lege ich meinen Geist.

V. Es gibt das Unverstehbare –
Schicksalsschläge – Leiden und Krankheit –
Verletzungen und Wunden –
all das, worin wir keinen Sinn erkennen.
– Stille – (Kerze anzünden)

V. Mit unserem Herrn Jesus Christus beten wir:
A. Vater, in deine Hände lege ich meinen Geist.

V. Wenn das Leben den Atem anhält, werden unsere Fragen lauter:
Woran kann ich mich festhalten, –
auf wen kann ich mich verlassen?
– Stille – (Kerze anzünden)

V. Mit unserem Herrn Jesus Christus beten wir:
A. Vater, in deine Hände lege ich meinen Geist.

Lied
Suchen und fragen, hoffen und sehn

2. Klagende hören, Trauernde sehn,
aneinander glauben und sich verstehn,
auf unsere Armut lässt Gott sich ein.
So spricht Gott sein Ja …

3. Planen und bauen, Neuland begehn,
füreinander glauben und sich verstehn,
Leben für viele, Brot sein und Wein.
So spricht Gott sein Ja …

T: M. Scouarnec / Dt. Übersetzung: D. Zils, M: J. Akepsimas

Fürbitten

V. Das Wort der Schrift bekräftigt unsere Hoffnung. So wenden wir uns voll Vertrauen an Gott, unseren Vater, der seinen Sohn von den Toten auferweckt hat. Ihn wollen wir bitten:

L. Wir beten für unsere/n Verstorbene/n N.N.:
Unser Herr und Gott schenke ihr/ihm die Erfüllung allen irdischen Suchens und Mühens.
– Stille –
L. Gott, unser Vater,
A. wir bitten dich, erhöre uns.

L. Beten wir für die Angehörigen, für die Freunde und für alle, denen dieser Tod nahegeht:
Unser Herr und Gott stärke ihren Mut zum Leben und gebe ihnen Zuversicht aus dem Glauben.
– Stille –

L. Gott, unser Vater,
A. wir bitten dich, erhöre uns.

L. Beten wir auch für die, die keine Hoffnung mehr haben:
Unser Herr und Gott gebe ihnen Menschen an die Hand, die ihnen Verständnis und Hilfe entgegenbringen.
– *Stille* –
L. Gott, unser Vater,
A. wir bitten dich, erhöre uns.

L. Beten wir für alle, die dem Tod nahe sind:
Unser Herr und Gott stärke sie in ihrer letzten Stunde.
– *Stille* –
L. Gott, unser Vater,
A. wir bitten dich, erhöre uns.

L. Beten wir zuletzt auch für uns, die wir uns hier zum Gebet versammelt haben:
Unser Herr und Gott helfe uns bei allen Entscheidungen, damit wir vor ihm bestehen können.
– *Stille* –
L. Gott, unser Vater,
A. wir bitten dich, erhöre uns.

V. Guter Gott, du hast uns deinen Sohn gesandt.
So schauen wir voll Hoffnung auf ihn und bitten dich:
Vollende du bei unserer/m Verstorbenen, N.N., was du in der Taufe begonnen hast. Schenke ihr/ihm die Freude des ewigen Lebens.
So bitten wir dich mit dem Gebet, das dein Sohn uns zu beten gelehrt hat.
A. Vater unser im Himmel …

Schlussgebet

V. Lasset uns beten:
Du Gott in unserer Mitte:
Dank sei dir für deine Gegenwart,
für dein Wort und deine Zusage an uns.
Wir bitten dich:
Sei mit uns auf unserem Weg,
damit wir im Alltag von dir Zeugnis geben.
Sei unser Trost und unsere Hoffnung.
Du bist der treue Gott, den wir anrufen und bitten durch Jesus Christus, deinen Sohn, unseren Herrn, der mit dir lebt in Ewigkeit.
A. Amen.

Segen und Sendung

V. Gütiger Vater,
sei mit deinem Geist in unserem Leben.
Dein Segen begleite unseren Alltag und lenke unsere Schritte auf deinen Weg.
Dir sei Lobpreis, dir sei die Ehre und der Ruhm,
dir, dem Vater, dem Sohn und dem Heiligen Geist.
A. Amen.
V. Lasst uns gehen in Frieden.
A. Dank sei Gott, dem Herrn.

Schlusslied

GL 294, 1. »Was Gott tut, das ist wohlgetan«
4. »Was Gott tut das ist wohlgetan, ich will«

7 Selig die Toten, die im Herrn sterben

Totengebet im Jahreskreis

Osterkerze anzünden

Orgelspiel/CD (ca. 3 Minuten vorher beginnen)

Eröffnung

Lied

GL 297, 1. »Gott liebt diese Welt«
4. »… Ihre Dunkelheiten«
5. »… Durch des Sohnes Sterben«
6. »… In den Todesbanden«

V. Im Namen des Vater und des Sohnes
und des Heiligen Geistes.
A. Amen.

Einführung

V. Herr Jesus Christus, wir haben uns hier versammelt,
um für unsere/n Verstorbene/n N.N. zu beten,
unsere Trauer vor dich zu bringen,
die Angehörigen zu stärken
und im Vertrauen auf dich mit ihnen um Trost zu bitten.
Öffne unsere Herzen und Seelen,
wenn wir jetzt zu dir rufen.
A. Amen.

Kyrie

Lied

GL 462, 1. »Zu dir, o Gott erheben wir«
2. »Herr, zeige uns die Wege dein«

Vergebungsbitte

V. Herr, du erbarmst dich unser aller,
du vergibst uns unsere Schuld.
Du nimmst auch von unserer/m Verstorbenen,
was schuldbeladen ist
und vollendest, was bruchstückhaft in ihrem/seinem Leben gewesen ist.
Dir sei Dank, Ehre und Preis heute und in Ewigkeit.
A. Amen.

Gebet

V. Lasset uns beten:
Gott, du allein bist gut und barmherzig.
Wir bitten dich für unsere/n Schwester/Bruder N.N.,
die/den du heimgeholt hast zu dir.
An dich hat sie/er geglaubt und darauf gehofft,
dass du ihr/ihm Heimat gibst, die ewige Freude schenkst
und dass sie/er in deinem Frieden geborgen ist.
Lass sie/ihn nicht im Tod, sondern führe sie/ihn zur Herrlichkeit der Auferstehung.
Darum bitten wir dich durch Jesus Christus,
unseren Bruder und Herrn, der den Tod überwunden hat
und mit dir und dem Heiligen Geist lebt und Leben schenkt
in Raum und Zeit und Ewigkeit.
A. Amen.

Lesung

Einführung in den Lesungstext *(Nehmen Sie bitte Platz.)*
L. Gottes Weisheit, Milde und Erbarmen hat sich in der Geschichte auf vielfache Weise offenbart.
Weil er die Menschen liebt, zeigt er immer wieder Geduld und Güte und kann vergeben.
Er will nicht den Tod; er ist ein Freund des Lebens.
Die Weite des Geistes und das Vertrauen in Gottes Weisheit und Liebe sprechen aus den folgenden Zeilen.

L. Lesung aus dem Buch der Weisheit *(Weish 11,23 – 12,1)*
Herr, du Freund des Lebens,
du hast mit allen Erbarmen, weil du alles vermagst,
und siehst über die Sünden der Menschen hinweg,
damit sie sich bekehren.
Du liebst alles, was ist,
und verabscheust nichts von allem, was du gemacht hast;
denn hättest du etwas gehasst,
so hättest du es nicht geschaffen.
Wie könnte etwas ohne deinen Willen Bestand haben,
oder wie könnte etwas erhalten bleiben,
das nicht von dir ins Dasein gerufen wäre?
Du schonst alles, weil es dein Eigentum ist,
Herr, du Freund des Lebens.
Denn in allem ist dein unvergänglicher Geist.

Wort des lebendigen Gottes.
A. Dank sei Gott.

Antwort auf die Lesung

Psalm 37 (GL 742)
Kehrvers GL 742, 1. »Der Herr vergibt die Schuld und rettet unser Leben.«
(Der Psalm kann auch im Wechsel gebetet werden)

V. Der Herr ist barmherzig und gnädig, *
langmütig und reich an Güte.

Er handelt an uns nicht nach unseren Sünden *
und vergilt uns nicht nach unserer Schuld.

Kehrvers »Der Herr vergibt …«

Wie ein Vater sich seiner Kinder erbarmt, *
so erbarmt sich der Herr über alle, die ihn fürchten.

Denn er weiß, was wir für Gebilde sind; *
er denkt daran: Wir sind nur Staub.

Kehrvers »Der Herr vergibt …«

Des Menschen Tage sind wie Gras, *
er blüht wie die Blume des Feldes.

Fährt der Wind darüber, ist sie dahin; *
der Ort, wo sie stand, weiß von ihr nichts mehr.

Kehrvers »Der Herr vergibt …«

Doch die Huld des Herrn währt immer und ewig *
für alle, die ihn fürchten und ehren;

sein Heil erfahren noch Kinder und Enkel; +
alle, die seinen Bund bewahren, *
an seine Gebote denken und danach handeln.

Kehrvers »Der Herr vergibt …«

Lied

GL 298, 1. »Herr, unser Herr, wie bist du zugegen«
2. »Du bist nicht fern, denn die zu dir beten«
3. »Du bist in allem ganz tief verborgen«

Litanei für die Verstorbenen

GL 770,1–7

Segen und Sendung

V. Gott, der allmächtige Vater,
der in Christus einen neuen Bund mit uns geschlossen hat,
bleibe uns treu.
A. Amen.

V. Er, der Christus der Macht des Todes entriss,
stehe uns bei im Zweifel.
Er sei uns nahe im Sterben
und gebe uns Hoffnung auf ewiges Leben.
A. Amen.

V. Der Heilige Gott,
der seinen Sohn über Lebende und Tote bestellt hat,
sei uns gnädig am Tage unseres Todes.
Er führe unsere Verstorbenen und uns selber zum Gastmahl des ewigen Lebens.
A. Amen.

V. So segne uns der gute und barmherzige Gott,
der Vater, der Sohn und der Heilige Geist.
A. Amen.

V. Gehen wir nun und bringen Frieden.
A. Dank sei Gott dem Herrn.

Schlusslied

GL 473, 1. »Im Frieden dein«
3. »O Herr, verleih, dass Lieb und Treu«

8 Gewandelt in die Ewigkeit Gottes

Totengebet im Jahreskreis

Osterkerze anzünden

Orgelspiel/CD (ca. 3 Minuten vorher beginnen)

Eröffnung

Lied GL 291, 1. »Wer unterm Schutz«
2. »Er weiß, dass Gottes Hand ihn hält«
3. »Denn dies hat Gott uns zugesagt«

V. Im Namen des Vaters und des Sohnes
und des Heiligen Geistes.
A. Amen.

Einführung

V. Liebe Schwestern und Brüder,
Trauer und Gedenken führen uns hier zusammen, denn N.N. ist gestorben.
Wir gedenken aller, deren irdisches Leben beendet ist
und die – wie wir glauben – von Gott ewiges Leben erhalten haben.

– »Es ist der Lauf der Dinge.« –
– »Der Tod gehört zum Leben.« –
– »Jeder muss sterben.« –

All diese Wahrheiten, die wir manches Mal so leichthin aussprechen, sie vermögen dann nicht zu tragen,
wenn wir einen Menschen in Gottes Erde legen müssen,
wenn wir zurückbleiben.
Ein Stück von uns nimmt er mit ins Grab.
Wohl deswegen bricht jedes Mal neu in uns auf, was als Ursehnsucht in unseren Herzen liegt:
»Das kann doch nicht alles gewesen sein!«

Der Glaubende sieht in der Auferstehung Jesu das verwirklicht, was jeder in seinem Herzen ahnt.
Wir vertrauen darauf, dass jeder, der an Christus glaubt, ewiges Leben hat.
Wir glauben, dass unsere Verstorbenen nicht im Tod bleiben, weil Christus nicht im Tod geblieben ist.
Wir glauben, dass wir auferweckt werden, so wie Gott seinen Sohn auferweckt hat.
Wir glauben, dass unser Leben gewandelt wird, nicht genommen.
In diesem Glauben rufen wir jetzt Jesus Christus an, der uns den Weg bereitet hat, und bitten ihn um sein Erbarmen.

Kyrie

(GL 495,8)
V. Herr Jesus, auferstanden von den Toten,
A. Kyrie eleison.
V. Dein Kreuz ist unsere Hoffnung.
A. Kyrie eleison.

V. Du befreist uns von der Sünde.
A. Christe eleison.

V. Du gibst den Toten ewiges Leben.
A. Christe eleison.

V. Du wirst wiederkommen in Herrlichkeit.
A. Kyrie eleison.
V. Du sammelst die Menschen im Reich deines Vaters.
A. Kyrie eleison.

Vergebungsbitte

V. Herr, vergib uns Sünde und Schuld
und verzeih auch unserer/m Verstorbenen/ N.N.,
woran sie/er in ihrem/seinem Leben schuldig geworden ist.
Darum bitten wir dich, unsern Bruder und Herrn.
A. Amen.

Gebet

V. Lasset uns beten:
Alles vermögender Gott,
nimm unsere verstorbene/n Schwester/Bruder N.N. auf
in deinen Frieden.
Uns aber bestärke in der Zuversicht,
dass du uns in diesem Leben führst
und am Ende für uns Ziel und neuer Anfang bist.
Darum bitten wir dich durch deinen Sohn im Heiligen Geist.
A. Amen.

Lesung

Einführung in die Lesung *(Bitte nehmen Sie Platz.)*
L. Der 1. Korintherbrief gibt Einblick in das Leben und die Glaubensfragen einer jungen Gemeinde.
Was geschieht nach dem Tod? Diese Frage beschäftigte damals wie heute die Menschen.
Paulus antwortet der Gemeinde in Korinth:

Lesung aus dem 1. Brief des Apostels Paulus an die Korinther *(1 Kor 15,35–37a.42–44)*
Nun könnte einer fragen:
Wie werden die Toten auferweckt,
was für einen Leib werden sie haben?

Was für eine törichte Frage!
Auch das, was du säst,
wird nicht lebendig, wenn es nicht stirbt.
Und was du säst, hat noch nicht die Gestalt,
die entstehen wird.
Gott gibt ihm die Gestalt, die er vorhergesehen hat.

So ist es auch mit der Auferstehung der Toten.
Was gesät wird, ist verweslich,
was auferweckt wird, unverweslich,
was gesät wird, ist armselig,
was auferweckt wird, herrlich.

Was gesät wird, ist schwach,
was auferweckt wird, ist stark.
Gesät wir ein irdischer Leib,
auferweckt ein überirdischer Leib.

Wenn es einen irdischen Leib gibt,
gibt es auch einen überirdischen.

Wort des lebendigen Gottes.
A. Dank sei Gott.

Antwort auf die Lesung

Lied

GL 620, 1. »Das Weizenkorn muss sterben«
2. »So gab der Herr sein Leben«
3. »Wer dies Geheimnis feiert«
4. »Als Brot für viele Menschen«

Hallelujaruf

GL 530,6

Aus dem heiligen Evangelium nach Johannes *(Joh 14,1–6)*
Jesus sagte:
Euer Herz lasse sich nicht verwirren.
Glaubt an Gott und glaubt an mich!
Im Hause meines Vaters gibt es viele Wohnungen.
Wenn es nicht so wäre, hätte ich euch dann gesagt:
Ich gehe, um einen Platz für euch vorzubereiten?
Wenn ich gegangen bin und einen Platz für euch vorbereitet habe, komme ich wieder und werde euch zu mir holen, damit auch ihr dort seid, wo ich bin.
Und wohin ich gehe – den Weg dorthin kennt ihr.
Thomas sagte zu ihm:
»Herr, wir wissen nicht wohin du gehst.

Wie sollen wir dann den Weg kennen?«
Jesus sagte zu ihm:
»Ich bin der Weg, die Wahrheit und das Leben;
niemand kommt zum Vater, außer durch mich.«

Frohe Botschaft unseres Herrn Jesus Christus
A. Lob sei dir, Christus.

Weihrauchopfer und Fürbitten

(Eine Weihrauchschale oder ein Weihrauchfass mit glühender Kohle und ein Gefäß mit Weihrauchkörnern sichtbar für die Gemeinde bereitstellen.)

(Alle erheben sich.)

V. Wie der Weihrauch zum Himmel aufsteigt,
so mögen sich auch unsere Herzen zu Gott erheben
und unser Gebet zu ihm emporsteigen.

(Bei jedem Ruf Weihrauchkörner auflegen, die Gemeinde dazu einladen, dies auch zu tun.)

V. Wie Weihrauch steige mein Gebet zu dir empor,
Herr, du mein Gott.
A. Wie Weihrauch steige mein Gebet zu dir empor,
Herr, du mein Gott.

V. Herr, unser Gott,
zu deiner Ehre haben wir Weihrauch entzündet.
Wie er zum Himmel aufsteigt, so steige unser Gebet
zu dir empor.
A. Wie Weihrauch steige …

V. Gott, unser Vater,
wir schauen auf deinen Sohn, den du für uns
in die Welt gesandt hast!
Wie Weihrauch sich verzehrt
und köstlichen Duft verströmt,
so hat er sich selbst dargebracht
in der Hingabe seines Lebens.
Am Kreuz hat er betend die Hände zu dir erhoben.
Mit seinen ausgespannten Armen
hat er alle Menschen in Liebe umarmt
und die Welt mit dir versöhnt.
A. Wie Weihrauch steige …

V. Schaffe neu unser Herz durch deinen Heiligen Geist
und erfülle uns mit der Glut deiner Liebe.
Lass wachsen unter uns den Geist deines Sohnes,
den Geist der Versöhnung und des Friedens.
Wie der Duft des Weihrauchs diesen Raum erfüllt,
so durchdringe Christi Liebe unser ganzes Leben.
Mit seiner Hingabe vereint,
steige unser Gebet wie Weihrauch zu dir empor.
Wir empfehlen dir unsere Toten und die,
die um sie trauern und bitten dich:
A. Wie Weihrauch steige …

L. Wir beten für Frau/Herrn N.N.:
Nimm sie/ihn auf zu dir und gewähre ihr/ihm das ewige Leben.
A. Wie Weihrauch steige …

L. Wir bitten dich für die, die trauern und untröstlich sind: Umfange sie mit deiner Liebe und schenke ihnen das Verstehen, dass ihre Lieben bei dir geborgen sind.
A. Wie Weihrauch steige …

L. Für alle Verstorbenen, besonders für die,
an die keiner mehr denkt, bitten wir dich
um deine Liebe und dein Erbarmen.
A. Wie Weihrauch steige …

V. Uns aber, die wir vor dir stehen,
bleibe zugewandt und halte uns in deiner Hand.
Mit deinem Sohn, unserem Herrn Jesus Christus, preisen wir dich, wenn wir jetzt gemeinsam beten:
A. Vater unser im Himmel …

Lied

GL 656, 1. »Wir sind nur Gast«
2. »Die Wege sind verlassen«
3. »Nur einer gibt Geleite«

Schlussgebet

V. Gott, unser Vater,
du hast deinen Sohn durch Maria Mensch werden lassen.
Wie wir hat er auf dieser Erde gelebt
in Freud und Leid.
Auch sein Leben war ein ständiges Sterben
bis hin zum Kreuz.
In seinem Tod hat er unseren Tod mitgetragen

und in seine Auferstehung hat er uns mit hineingenommen,
dass wir das Leben in Fülle haben.
Dir sei Dank, heute und alle Tage bis in Ewigkeit.
A. Amen.

Segen und Sendung

V. Gott, der Herr, segne uns.
Er gebe uns den festen Glauben,
dass nicht der Tod, sondern das Leben
das letzte Wort hat.
Du bist der Gott des Lebens.
Wir glauben, dass du auch N.N. zum ewigen Leben führst.

So segne uns Gott, du Schöpfer und Erhalter des Lebens,
du Vater, Sohn und Heiliger Geist.
A. Amen.

V. Herr, gib unseren Verstorbenen die ewige Ruhe.
A. Und das ewige Licht leuchte ihnen.
V. Herr, lass sie leben in deinem Frieden.
A. Amen.

V. Lasst uns gehen in Frieden.
A. Dank sei Gott, dem Herrn.

Schlusslied

GL 473, 1. »Im Frieden dein«
2. »Mir armen Gast«
3. »O Herr, verleih«

9 Heilige Maria, Mutter Gottes, bitte für uns

Totengebet im Marienmonat

Osterkerze und ggf. Teelichter vor der Marienstatue anzünden

Orgelspiel/CD (ca. 3 Minuten vorher beginnen)

Eröffnung

Lied

GL 582, 1. »O Maria, sei gegrüßt«
2. »Du bist nun gebenedeit«
3. »Mutter Gottes, liebe Frau«

V. Im Namen des Vaters und des Sohnes
und des Heiligen Geistes.
A. Amen.

Einführung

Liebe Angehörige unserer/es Verstorbenen, liebe Mitchristen, »Heilige Maria, Mutter Gottes, bitte für uns jetzt und in der Stunde unseres Todes.«
Wie viele Male haben wir schon diesen Satz aus dem »Ave Maria« gebetet und über unsere eigene Sterblichkeit nicht nachgedacht.

Heute, wo wir für N.N., von der/dem wir Abschied nehmen müssen, beten und um Trost bitten für uns, wird uns wieder einmal bewusst, dass auch unser Leben endlich ist.
In Maria, der Mutter Gottes, finden wir eine Frau und Mutter, die sich von Anfang an auf Gottes Liebe eingelassen hat. Gott hat ihren Sohn nicht im Tod gelassen, sondern auferweckt und dadurch auch uns das ewige Leben geschenkt. Beten wir in diesem Gottesdienst mit Maria den trostreichen Rosenkranz im Vertrauen darauf, dass Gottes Verheißung sich auch an unserer/m Verstorbenen erfüllt.
Zuvor aber lassen Sie uns den Herrn begrüßen, der in unserer Mitte ist:

Kyrie

V. Herr Jesus, durch den Tod gegangen für uns.
Herr, erbarme dich.
A. Herr, erbarme dich.

V. Herr Jesus, aufgenommen in Gottes Herrlichkeit.
Christus, erbarme dich.
A. Christus, erbarme dich.

V. Herr Jesus, du nimmst auch uns auf in das Reich deines Vaters.
Herr, erbarme dich.
A. Herr, erbarme dich.

Rosenkranzgebet

Lasset uns beten:
Herr Jesus Christus, deine Mutter hat dein Leben begleitet und ist dir immer nahe gewesen.
Wir bitten dich mit deiner Mutter:
Lass uns in dieser Zeit der Trauer um den Verlust von N.N. nicht verzweifeln und mutlos werden, sondern in der Kraft des Glaubens auf ein Wiedersehen bei dir hoffen.
Dir sei Lob und Preis bis in Ewigkeit.
A. Amen.

V. Beten wir jetzt gemeinsam die trostreichen Geheimnisse des Rosenkranzes.
V. Ich glaube an Gott,
den Vater, den Allmächtigen,
den Schöpfer des Himmels und der Erde,
und an Jesus Christus,
seinen eingeborenen Sohn, unseren Herrn,
empfangen durch den Heiligen Geist,
geboren von der Jungfrau Maria,
gelitten unter Pontius Pilatus,
gekreuzigt, gestorben und begraben,
hinabgestiegen in das Reich des Todes,
am dritten Tage auferstanden von den Toten,
aufgefahren in den Himmel;
er sitzt zur Rechten Gottes,
des allmächtigen Vaters;
von dort wird er kommen,
zu richten die Lebenden und die Toten.
A. Ich glaube an den Heiligen Geist,
die heilige katholische Kirche,

Gemeinschaft der Heiligen,
Vergebung der Sünden,
Auferstehung der Toten
und das ewige Leben.

V. Ehre sei dem Vater und dem Sohn
und dem Heiligen Geist.
A. Wie im Anfang, so auch jetzt und alle Zeit
und in Ewigkeit.

V. Vater unser im Himmel … so auf Erden.
A. Unser tägliches Brot gib uns heute …

V. Gegrüßet seist du, Maria, …
Jesus, der in uns den Glauben vermehre.
A. Heilige Maria, Mutter Gottes, bitte für uns Sünder jetzt und in der Stunde unseres Todes.

V. Gegrüßet seist du, Maria, …
Jesus, der in uns die Hoffnung stärke.
A. Heilige Maria, Mutter Gottes, bitte für uns Sünder jetzt und in der Stunde unseres Todes.

V. Gegrüßet seist du, Maria, …
Jesus, der in uns die Liebe entzünde.
A. Heilige Maria, Mutter Gottes, bitte für uns Sünder jetzt und in der Stunde unseres Todes.
V. Ehre sei dem Vater und dem Sohn
und dem Heiligen Geist.
A. Wie im Anfang, so auch jetzt und alle Zeit
und in Ewigkeit.

1. Gesätz

V. Vater unser im Himmel …
A. Unser tägliches Brot gib uns heute …

V. Gegrüßet seist du, Maria, …
Jesus, der als König herrscht.
A. Heilige Maria, Mutter Gottes, bitte für uns Sünder jetzt und in der Stunde unseres Todes.
(zehnmal wiederholen)

V. Ehre sei dem Vater und dem Sohn
und dem Heiligen Geist.
A. Wie im Anfang, so auch jetzt und alle Zeit
und in Ewigkeit.

2. Gesätz

V. Vater unser im Himmel …
A. Unser tägliches Brot gib uns heute …

V. Gegrüßet seist du, Maria, …
Jesus, der in seiner Kirche lebt und wirkt.
A. Heilige Maria, Mutter Gottes, bitte für uns Sünder jetzt und in der Stunde unseres Todes.
(zehnmal wiederholen)

V. Ehre sei dem Vater und dem Sohn
und dem Heiligen Geist.
A. Wie im Anfang, so auch jetzt und alle Zeit
und in Ewigkeit.

3. Gesätz

V. Vater unser im Himmel …
A. Unser tägliches Brot gib uns heute …

V. Gegrüßet seist du, Maria, …
Jesus, der wiederkommen wird in Herrlichkeit.
A. Heilige Maria, Mutter Gottes, bitte für uns Sünder jetzt und in der Stunde unseres Todes.
(zehnmal wiederholen)

V. Ehre sei dem Vater und dem Sohn
und dem Heiligen Geist.
A. Wie im Anfang, so auch jetzt und alle Zeit
und in Ewigkeit.

Lied

GL 644, 1. »Sonne der Gerechtigkeit«
6. »Lass uns deine Herrlichkeit«

4. Gesätz

V. Vater unser im Himmel …
A. Unser tägliches Brot gib uns heute …

V. Gegrüßet seist du, Maria …
Jesus, der richten wird die Lebenden und die Toten.
A. Heilige Maria, Mutter Gottes, bitte für uns Sünder jetzt und in der Stunde unseres Todes.
(zehnmal wiederholen)

V. Ehre sei dem Vater und dem Sohn
und dem Heiligen Geist.
A. Wie im Anfang, so auch jetzt und alle Zeit
und in Ewigkeit.

5. Gesätz

V. Vater unser im Himmel …
A. Unser tägliches Brot gib uns heute …

V. Gegrüßet seist du, Maria, …
Jesus, der alles vollenden wird.
A. Heilige Maria, Mutter Gottes, bitte für uns Sünder jetzt
und in der Stunde unseres Todes.
(zehnmal wiederholen)

V. Ehre sei dem Vater und dem Sohn
und dem Heiligen Geist.
A. Wie im Anfang, so auch jetzt und alle Zeit
und in Ewigkeit.

Lied

GL 656, 1. »Wir sind nur Gast auf Erden«
3. »Nur einer gibt Geleite«
4. »Gar manche Wege führen«

Segen und Sendung

Lasst uns beten und Gott um seinen Segen bitten:
Herr, unser Gott, in deinem Sohn bist du uns allzeit nahe. Unsere Trauer und unser Leid legen wir in seine Hände und vertrauen mit Maria darauf, dass er alles zum Guten wenden wird und unserer/m Verstorbenen N.N. das Leben in Fülle schenkt.
Tröste und stärke uns und behalte uns in deiner Liebe.

So segne uns der gute und liebende Gott,
der Vater, der Sohn und der Heilige Geist.
A. Amen.

V. Gehen wir in seinem Frieden.
A. Dank sei Gott, dem Herrn.

Schlusslied

GL 576, 1. »Freu dich du Himmelskönigin«
3. »Er ist erstanden von dem Tod«
4. »Bitt Gott für uns, so wird's geschehen«

10 Du Trösterin der Trauernden, bitte für uns

Totengebet im Marienmonat

Osterkerze anzünden

Orgelspiel/CD (ca. 3 Minuten vorher beginnen)

Eröffnung

Lied

GL 586, 1. »Gruß dir, Mutter, in Gottes Herrlichkeit«
3. »Hilf, o Mutter, Zuflucht in allem Leid«

V. Im Namen des Vater und des Sohnes
und des Heiligen Geistes.
A. Amen.

Einführung

V. Unser ganzes Leben lang suchen wir
nach dem Sinn unseres Lebens.
Angesichts des Todes blicken wir zurück
und stehen nicht selten vor der Erkenntnis:
– Das war es also!? –
– Warum war es so? –
– Was wäre, wenn …? –
– Hätte man nicht …? –

Ja, man hätte …!
Ja, das war es …!
Ja, wären wir doch …!
Und die immer wieder aufkommende Frage: »Warum?«

Wir sind nicht allein mit unserer Ratlosigkeit und mit unseren Fragen.
Schauen wir auf Maria, die Mutter des Herrn. Sie hatte ebensolche Fragen und fand die Antworten in ihrem großen Vertrauen zu Gott.
Ihre Zusage, sich auf Gottes Willen einzulassen, war der Anfang unserer Erlösung, vom Tod zum Leben, zum Leben in Fülle, wo all unsere Fragen eine Antwort finden.

Es ist gut, dass wir heute hier sind und deutlich machen, dass wir bereit sind, einander zu tragen und zu trösten.
In Maria finden wir die starke Frau,
die Trösterin der Trauernden,
die Hoffnung der Suchenden,
die Zuflucht der Sünder,
die Mutter unseres Herrn.
Christus erweisen wir im Kyrie die Ehre und bitten um sein Erbarmen:

Kyrie

(gesprochen oder Melodie GL 495)
V. Herr Jesus, du König aller Menschen: Kyrie eleison.
A. Kyrie eleison.
V. Du Menschensohn zur Rechten des Vaters: Kyrie eleison.
A. Kyrie eleison.

V. Du wirst wiederkommen in Herrlichkeit: Christe eleison.
A. Christe eleison.
V. Du richtest die Lebenden und die Toten: Christe eleison.
A. Christe eleison.

V. Du schaffst einen neuen Himmel und eine neue Erde: Kyrie eleison.
A. Kyrie eleison.
V. Du vernichtest den Tod für immer: Christe eleison.
A. Kyrie eleison.

V. Herr, erbarme dich unserer Trauer und unserer Zweifel und vergib uns unsere bösen Gedanken, Worte und Taten. Darum bitten wir dich, unseren Bruder und Herrn.
A. Amen.

Gebet

Lasset uns beten:
Gott, du bist es, an den wir glauben.
Dein Sohn ist in unsere Welt gekommen, um uns zu erlösen.
Maria, seine Mutter, hat uns gezeigt, wie wir im Glauben auf deinen Ruf antworten können.
Hilf uns, dich in allem zu finden, auch im Tod, der uns heute wieder vor Augen steht.
Wir bitten dich für N.N.: Nimm sie/ihn auf zu dir und schenke uns immer mehr die Kraft, aus dem Glauben heraus zu leben und auf das ewige Leben zu hoffen.
Darum bitten wir durch Jesus Christus, deinen Sohn, unseren Herrn und Gott, der mit dir und dem Heiligen Geist lebt und Leben schenkt heute und in Ewigkeit.
A. Amen.

Lesung

Einführung in den Lesungstext

(Nehmen Sie bitte Platz.)

L. »Das Festmahl auf dem Berg Zion«
Dieser apokalyptische Text des Propheten Jesaja spricht von einer Zukunft, in der es keine Kriege, keine Klagen, nichts Unvollkommenes mehr geben wird. Gott wird alle Tränen abwischen und der Tod ist für immer besiegt.

Lesung aus dem Buch Jesaja *(Jes 25,6a,7–9)*

Der Herr der Heere wird auf diesem Berg
für alle Völker ein Festmahl geben mit den feinsten Speisen,
ein Gelage mit erlesenen Weinen,
mit den besten und feinsten Speisen,
mit besten, erlesenen Weinen.
Er zerreißt auf diesem Berg die Hülle,
die alle Nationen verhüllt,
und die Decke, die alle Völker bedeckt.
Er beseitigt den Tod für immer.
Gott, der Herr, wischt die Tränen ab von jedem Gesicht.
Auf der ganzen Erde
nimmt er von seinem Volk die Schande weg.
Ja, der Herr hat gesprochen.
An jenem Tag wird man sagen:
Seht, das ist unser Gott,
auf ihn haben wir unsere Hoffnung gesetzt,
er wird uns retten.
Das ist der Herr,
auf ihn setzen wir unsere Hoffnung.

Wir wollen jubeln
und uns freuen über seine rettende Tat.

Wort des lebendigen Gottes.
A. Dank sei Gott.

Antwort auf den Lesungstext

Psalm 25

Kehrvers GL 529, 1: »Richte uns wieder auf, Gott, unser Heil.«

L. Zeig mir, Herr, deine Wege,
lehr mich deine Pfade!

Führe mich in deiner Treue und lehre mich;
denn du bist der Gott meines Heils.
Auf dich hoffe ich allezeit.

A. Richte uns wieder auf …

L. Denk an dein Erbarmen, Herr,
und an die Taten deiner Huld;
denn sie bestehen seit Ewigkeit.

Wende dich mir zu und sei mir gnädig;
denn ich bin einsam und gebeugt.

A. Richte uns wieder auf …

L. Befrei mein Herz von der Angst,
führe mich heraus aus der Bedrängnis!

Erhalte mein Leben und rette mich,
lass mich nicht scheitern!
Denn ich nehme zu dir meine Zuflucht.

A. Richte uns wieder auf …

– Stille –

Lied
Magnificat, Magnificat

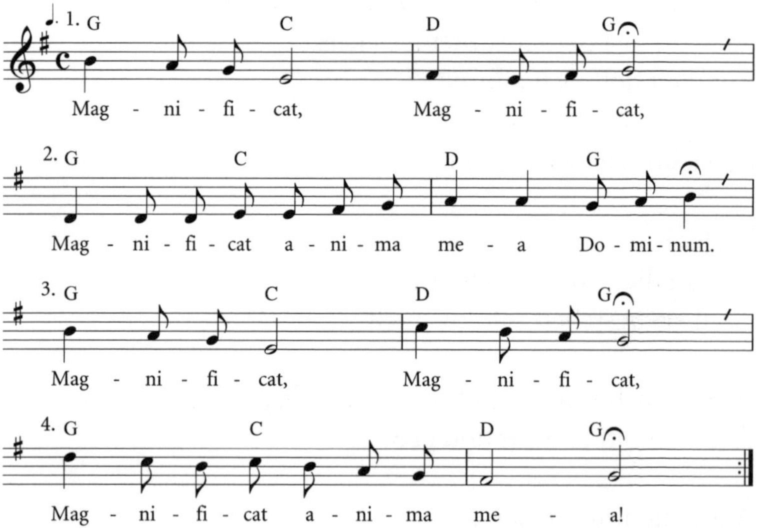

T: Lk 1,46b, M: Jaques Berthier (1923–1994)

Rosenkranzgebet

(Jedes Gesätz nur einmal beten.)

V. Vater unser … so auf Erden.
A. Unser tägliches Brot …

V. Gegrüßet seist du, Maria, voll der Gnade,
der Herr ist mit dir,
du bist gebenedeit unter den Frauen
und gebenedeit ist die Frucht deines Leibes,
Jesus, den du in gläubiger Bereitschaft vom Heiligen Geist empfangen und für uns geboren hast.

A. Heilige Maria, Mutter Gottes, bitte für uns Sünder, jetzt und in der Stunde unseres Todes.

V. Gegrüßet seist du, Maria, …
Jesus, der uns Freund und Bruder geworden ist.
A. Heilige Maria, …

V. Gegrüßet seist du, Maria, …
Jesus, der sein Leben für uns hingab, um uns die Fülle ewigen Lebens zu erwerben.
A. Heilige Maria, …

V. Gegrüßet seist du, Maria, …
Jesus, der als Erster von den Toten erstanden ist.
A. Heilige Maria, …

V. Gegrüßet seist du, Maria, …
Jesus, der uns den Beistand seines Geistes verheißen hat.
A. Heilige Maria, …

V. Gegrüßet seist du, Maria, …
Jesus, der mit uns auf dem Lebensweg ist und dem wir vertrauen können.
A. Heilige Maria, …

V. Gegrüßet seist du, Maria, …
Jesus, der uns einlädt in sein Reich der Liebe und des Friedens.
A. Heilige Maria, …

V. Gegrüßet seist du, Maria, …
Jesus, dessen Herrlichkeit und Macht einst für alle offenbar wird.
A. Heilige Maria, …

V. Gegrüßet seist du, Maria, …
Jesus, vor dessen Angesicht ein jeder von uns einst Rechenschaft über sein Leben ablegen wird.
A. Heilige Maria, …

V. Gegrüßet seist du, Maria, …
Jesus, der allein unser Heil und unsere Zukunft ist.
A. Heilige Maria, …

V. Ehre sei dem Vater und dem Sohn und dem Heiligen Geist,
A. wie im Anfang, so auch jetzt und alle Zeit und in Ewigkeit. Amen.

A. »Magnificat, Magnificat …« *(wiederholen)*

Fürbitten

V. Herr Jesus Christus, geboren aus der Jungfrau Maria, gelitten, gekreuzigt, begraben und auferweckt von den Toten, dich bitten wir:

L. Führe unsere/n Verstorbene/n N.N., in dein Licht.
Christus, höre uns,
A. Christus, erhöre uns.

L. Für alle, die trauern und mutlos sind.
Christus, höre uns,
A. Christus, erhöre uns.

L. Für alle Trauernden, besonders für jene, die der Tod eines geliebten Menschen in tiefe Verzweiflung gestürzt hat.
Christus, höre uns,
A. Christus, erhöre uns.

L. Für alle, die nach Antwort suchen und nach dem Warum fragen.
Christus, höre uns,
A. Christus, erhöre uns.

L. Für alle, die an deiner Liebe zweifeln.
Christus, höre uns,
A. Christus, erhöre uns.

L. Für alle, die in Angst und Unsicherheit leben.
Christus, höre uns,
A. Christus, erhöre uns.

L. Für alle Verstorbenen.
Christus, höre uns,
A. Christus, erhöre uns.

V. Herr, unser Gott, du bist uns nahe.
Du weißt um uns. Deshalb gabst du uns die Zusage, dass wir deinen Vater um alles bitten dürfen:
A. Vater unser im Himmel …

Meditation

(Nehmen Sie noch einen Augenblick Platz.)

L. Es war so schön,
Tränen zu lachen.
Jetzt aber gleiten schmerzliche Tränen
leise über meine Wangen.
Es fällt nicht leicht, sie zu weinen –
sagt mir doch alle Welt,
ich müsse jetzt tapfer sein,
ich solle nicht weinen.
Ich aber spüre: Weinen befreit.
Weinen will ich, bis mein Blick sich klärt
und ich wieder Zukunft sehe.
Jede geweinte Träne ist eine heilvolle Träne.
Es bleibt mir im Augenblick nur die Sprache der Tränen.

– Stille –

Schlussgebet *(Bitte erheben Sie sich.)*

V. Lasset uns beten:
Gott, unser Vater, wir haben auf die Mutter deines Sohnes geschaut, auf Maria, die das Leben ihres Sohnes begleitet und sein Leiden mitgetragen hat.
Für sie danken wir dir, und mit ihr bitten wir dich für unsere/n Verstorbene/n N.N.: Lass sie/ihn nicht verloren gehen und schenke ihr/ihm die Fülle des Heils.
Dir sei Ehre, Ruhm und Preis heute und in Ewigkeit.
A. Amen.

Segen und Sendung

V. Du, unser Gott, sei unser Segen:
es segne uns der Vater,
es segne uns der Sohn,
es segne uns der Heilige Geist.
A. Amen.

V. Herr, gib unseren Verstorbenen die ewige Ruhe.
A. Und das ewige Licht leuchte ihnen.
V. Herr, lass sie leben in deinem Frieden.
A. Amen.

V. Gehen wir hin in Frieden.
A. Dank sei Gott, dem Herrn.

Schlusslied

GL 570 »Salve, Regina, mater misericordiae«

11 Da rief er ein Kind herbei

Totengebet für ein verstorbenes Kind

Osterkerze anzünden
Für jede/n Gottesdienstteilnehmer/in eine Kopie der Pietá bereitlegen.

Orgelspiel/CD (ca. 3 Minuten vorher beginnen)

Eröffnung

Lied
Meine engen Grenzen

T: Eugen Eckert; M: Winfried Heurich © Lahn-Verlag, Limburg – Kevelaer

V. Im Namen des Vaters und des Sohnes
und des Heiligen Geistes.
A. Amen.

V. Liebe Eltern, (liebe Geschwister, liebe Großeltern, liebe Freunde/innen) von N., liebe Gemeinde,
es ist gut, dass wir heute Abend hier sind und uns Zeit nehmen, innezuhalten, und dass wir diese Zeit mit Ihnen und Ihrem Kind *(Vorname des Kindes)* teilen.
Nehmen Sie bitte Platz.

Auf dem Bild, das vor Ihnen liegt, sehen Sie eine Frau,
die ihren toten Sohn auf ihrem Schoß birgt. Maria, die Mutter Jesu, hält den leblosen Körper ihres Sohnes mit ihren Armen liebevoll umfangen,
den Menschen, den sie so verheißungs- und erwartungsvoll
in ihrem Schoß getragen hatte – den Messias!
Tot auf ihrem Schoß! –
Ihr Sohn, der den Menschen in Leid und Not
nahe war, dessen Leben nur einen Inhalt hatte:
Die Liebe Gottes zu verkünden. – Tot! –
Maria hält ihn umfangen.
Wie sollte denn nun alles weitergehen?
Sie hatte doch alles getan, was Gott ihr zugemutet,
ja zugetraut hatte. – Und nun? –
Fest hält sie den Körper, wohlwissend,
dass sie ihn bald loslassen, abgeben muss.
Sie wird sich erneut auf Gott einlassen müssen.
Sie kann nur noch zurückgeben, was sie empfangen hat
und auf Gott vertrauen.

– Stille (oder leise Musik), ca. 2 Min. –

L. Die Schriftstellerin Gabriele Miller hat ihre Gedanken »Vor einer Pietà« aufgeschrieben:

L. Vor einer Pietà
Eine Mutter hält ihren Sohn in den Armen.
Doch der Sohn ist tot.
Das tote Kind in den Schoß der Mutter gebettet,
der Schoß des Lebens
wird zum Thron für den Tod.
Welch ein groteskes Bild!

Der Schmerz der Mutter ist verhalten,
in sich gekehrt und dennoch sprechend.

Es ist, als wolle die Frau
die Herzen derer erschließen,
die vorübergehen,
sie einbeziehen in ihr Leid.

Tote beweinen, Sterbenden beistehen,
Kranken nahe sein, ihr Leben mittragen,
offen sein, sich nicht verschließen …

Wo sind die Geschundenen, die Geschlagenen,
die Armen und Verfolgten,
wo sind die Leiden in unserer Welt?
Wo sind die an den Rand Gedrängten
in unserem Leben?
Vor unserer Tür?
Wer wendet sich ihnen zu?
Wer trocknet die Tränen der Mutter, des Vaters,
(der Geschwister)?
Wer teilt ihre Not und Trauer?

Wer sie findet, aufnimmt und annimmt,
der begegnet ihm,
der da im Schoß seiner Mutter liegt.
Diese Frau in ihrem mütterlichen Schmerz,
sie ist jedem nahe, der um einen Menschen weint.

Du Mutter der Schmerzen, bitte für uns.

Gabriele Miller, aus: Ob du mich hörst?
Kösel-Verlag in der Verlagsgruppe Random House, München 2000

Lied

GL 584, 1. »Christi Mutter stand mit Schmerzen«

– *Stille* –

Im Halleluja preisen wird Gott.
Gott preisen, wo jedes Wort in uns ein Klageschrei ist?
Versuchen wir es – auch mit tränenerstickter Stimme.

Halleluja

GL 530,2 »Halleluja«

Evangelium

V. Aus dem heiligen Evangelium nach Matthäus
(Mt 18,1–5.10)

In jener Zeit kamen die Jünger zu Jesus und fragten:
Wer ist im Himmelreich der Größte?
Da rief er ein Kind herbei,
stellte es in ihre Mitte und sagte:
Amen, das sage ich euch:
wenn ihr nicht umkehrt und wie die Kinder werdet,
könnt ihr nicht in das Himmelreich kommen.
Wer so klein sein kann wie dieses Kind,
der ist im Himmelreich der Größte.
Und wer ein solches Kind um meinetwillen aufnimmt,
der nimmt mich auf.
Hütet euch davor, eines von diesen Kleinen zu verachten!
Denn ich sage euch:

Ihre Engel im Himmel sehen stets das Angesicht meines himmlischen Vaters.

Frohe Botschaft unseres Herrn Jesus Christus
A. Lob sei dir Christus

Halleluja (wiederholen)

Lied
Liebe ist nicht nur ein Wort

2. Freiheit ist nicht nur ein Wort,
Freiheit, das sind Worte und Taten.
Als Zeichen der Freiheit ist Jesus gestorben,
als Zeichen der Freiheit für diese Welt.

3. Hoffnung ist nicht nur ein Wort,
Hoffnung, das sind Worte und Taten.
Als Zeichen der Hoffnung, ist Jesus lebendig,
als Zeichen der Hoffnung für diese Welt.

T: Eckart Bücken © Strube Verlag, München-Berlin
M: Gerd Geerken © by Gustav Bosse Verlag, Kassel

Fürbitten

(Bei jeder Fürbitte ein Teelicht anzünden und – wenn möglich– vor die Mutter Gottes stellen.)

V. Herr Jesus Christus, du hast die Kinder geliebt und sie in die Mitte gestellt. Dich bitten wir:

L. Um Trost und Kraft für die Eltern (Geschwister, Bruder, Schwester, und Großeltern).
Jesus, du Freund der Kinder:
A. Erbarme dich unser.

L. Um liebevolle Begleitung der Kinder, die in *(Vorname)* eine/n liebe/n Freund/in verloren haben.
Jesus, du Freund der Kinder:
A. Erbarme dich unser.

L. Um Achtung und Wertschätzung für die Kinder, die keine Liebe erfahren und um die niemand weint.
Jesus, du Freund der Kinder:
A. Erbarme dich unser.

L. Um den Glauben, dass Gott die Liebe ist und nichts tut, um uns zu verletzen.
Jesus, du Freund aller Menschen:
A. Erbarme dich unser.

L. Um die Fähigkeit, das zu bewahren, was uns lieb war, das zu tragen, was uns schwer fällt und auf das Gute zu hoffen, das vor uns liegt.
Jesus, du Freund aller Menschen:
A. Erbarme dich unser.

V. Gott, in deinem Sohn bist du uns allezeit nahe.
Dafür danken wir dir und wenden uns vertrauensvoll im Vaterunser an dich:
A. Vater unser im Himmel …

Segen und Sendung

V. Gott, dein guter Segen,
ist wie ein großes Zelt,
hoch und weit, fest gespannt
über unsere Welt.
Guter Gott, wir bitten dich:
Schütze und bewahre uns.

Gott, dein guter Segen,
ist wie ein helles Licht,
leuchtet weit, alle Zeit
in der Finsternis.
Guter Gott, wir bitten dich:
Leuchte und erhelle uns.

Gott, dein guter Segen,
ist wie des Freundes Hand,
die uns trägt, die uns führt
in ein weites Land.
Guter Gott, wir bitten dich:
Führe und begleite uns.
Lass uns unter deinem Segen,
leben und ihn weiter geben.
Bleibe bei uns alle Zeit,
segne uns, denn der Weg ist weit.

V. So segne uns der gute und barmherzige Gott,
der Vater, der Sohn und der Heilige Geist.
A. Amen.

V. Herr, gib *(Vorname des Kindes)* und allen
Verstorbenen die ewige Ruhe.
A. Und das ewige Licht leuchte ihnen.
V. Lass sie leben in deinem Frieden.
A. Amen.

V. Lasst uns gehen in Frieden.
A. Dank sei Gott dem Herrn

Schlusslied

GL 290, 1. »Gott wohnt in einem Lichte«
2. »Und doch bleibt er nicht ferne«
5. »Nun darfst du in ihm leben«

12 Wir verstehen dich nicht, Gott

Totengebet für eine/n Jugendliche/n

Osterkerze anzünden

Orgelspiel/CD (ca. 3 Minuten vorher beginnen)

Eröffnung

GL 621, 1. »Ich steh vor dir mit leeren Händen, Herr«
2. »Von Zweifeln ist mein Leben übermannt«
3. »Sprich du das Wort, das tröstet und befreit«

V. Im Namen des Vaters und des Sohnes
und des Heiligen Geistes.
A. Amen.

Einführung

V. Liebe Familie N. *(liebe Geschwister, Großeltern, Freunde, Freundinnen, wenn möglich Namen nennen)*

Wir müssen Abschied nehmen von N. *(Vorname)*.
So unbegreiflich erscheint dies und so unmenschlich schwer, dass wir für das Unbegreifliche keine Worte finden.
Es war ein viel zu kurzes Leben, das wir zurückgeben müssen in Gottes Hände.
Es ist sehr schwer, eigene Worte zu finden, deshalb möchte ich mit einem Text von Wilhelm Willms unsere Verzweiflung und Sprachlosigkeit zum Ausdruck bringen.

alles zerbrochen
träume zerronnen
hoffnungen enttäuscht

verharren in trauer
und verzweiflung
sich nur verkriechen
verstecken
nicht nachdenken

alles ist aus
zuende
vorbei

doch da kommt das wort
geht – geht weg
weg vom grab
der zerbrochenen träume
geht zurück in den alltag

Ich bin der Ich-bin-da –
dein Gott der dich trägt –
ich stelle mich vor euch hin
ich gehe vor euch her

Wilhelm Willms
(Quelle unbekannt)

– Stille –

Kyrie

V. Wir bitten Gott, dass er sich unserer Trauer erbarmt und uns den neuen Weg zeigt.

V. Herr Jesu, du bist von den Toten auferstanden.
Herr, erbarme dich.
A. Herr, erbarme dich

V. Du führst die Toten in das Reich deines Vaters.
Christus, erbarme dich.
A. Christus, erbarme dich.

V. Du wirst uns alle wieder zusammenführen im Reich deines Vaters.
Herr, erbarme dich.
A. Herr, erbarme dich

Gebet

V. Lasset uns beten:
Gott, du bist der Herr des Lebens;
du gibst und du nimmst.
Doch wenn du nimmst, vollendest du unser Leben.
Wir sind hilflos und verstehen dein Handeln nicht.
Wir sind traurig und ratlos.
Wir bitten dich, achte auf unsere/n Tochter/Sohn,
liebe sie/ihn so, wie wir es noch gerne getan hätten.
Schenke uns die Fähigkeit, die Traurigkeit zu überwinden und an deine froh machende Botschaft zu glauben.
Darum bitten wir dich durch Jesus Christus,
unseren Bruder und Herrn.
A. Amen.

Evangelium

V. Aus dem heiligen Evangelium nach Johannes
(Joh 6,37.39–40)
In jener Zeit sprach Jesus zu der Menge:
Alles, was der Vater mir gibt, wird zu mir kommen,
und wer zu mir kommt,
den werde ich nicht abweisen.

Es ist der Wille dessen, der mich gesandt hat,
dass ich keinen von denen, die er mir gegeben hat,
zugrunde gehen lasse,
sondern dass ich sie auferwecke am Letzten Tag.

Denn es ist der Wille meines Vaters,
dass alle, die den Sohn sehen und an ihn glauben,
das ewige Leben haben
und dass ich sie auferwecke am Letzten Tag.

Frohe Botschaft unseres Herrn Jesus Christus.
A. Lob sei dir Christus!

Antwort auf den biblischen Text

Lied
We shall overcome

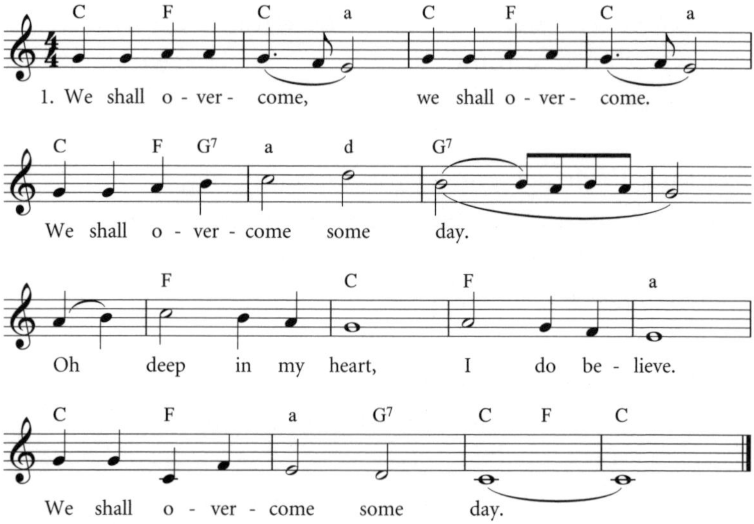

We shall overcome, we shall overcome,
we shall overcome, some day.
We are not alone, – I do believe.
We shall overcome some day

We shall overcome, we shall overcome,
we shall overcome, some day.
The Lord will see us trough – I do believe.
We shall overcome some day.

M / T: Zilphia Horton / Frank Hamilton / Pete Seeger / Guy Carawan

oder:
GL 290, 1. »Gott wohnt in einem Lichte«
5. »Nun darfst du in ihm leben«

– Stille –

Fürbitten

Zeichenhandlungen während des Fürbittgebetes:

- *Advents-, Weihnachts-, Osterzeit: Teelichter bzw. kleine Kerzen*
- *Fastenzeit: Steine oder Zweige mit Knospen*
- *Sommer- und Herbstzeit: Blumen der Jahreszeit*
- *jeweils entsprechendes Tuch bereitlegen*

V. Gott, mächtig und unergründlich, du Gott allen Trostes, zu dir rufen wir:

L. Wir denken an N. und bitten:
A. Erbarme dich unser.

L. Wir beten für N.s Eltern, Großeltern und Geschwister und bitten:
A. Erbarme dich unser.

L. Wir beten für Freundinnen und Freunde von N., für ihre/seine Mitschülerinnen und Mitschüler und bitten:
A. Erbarme dich unser.

L. Wir beten für alle, die N. Trost gespendet haben und sie/ihn auf dem Lebensweg begleitet haben:
A. Erbarme dich unser.

L. Wir beten für alle Jugendlichen, die von einer schweren Krankheit heimgesucht werden oder ein schlimmes Unglück erlitten haben, und bitten:
A. Erbarme dich unser.

V. Ja, erbarme dich, Gott, komm uns ganz nah und lass uns nicht allein, da wir so untröstlich sind und uns verloren fühlen. Mit Jesus, deinem Sohn, beten wir:
A. Vater unser im Himmel …

Friedensgruß

V. Gott, wenn uns das Leben als sinnlos erscheint und uns Trauer und Hoffnungslosigkeit bedrücken, dann sei du mit uns und stärke uns mit deinem Frieden.
Lasst uns diesen Frieden annehmen und einander weitergeben: Der Friede des Herrn sei allezeit mit euch.
A. Und mit deinem Geiste.
V. Reicht einander die Hände als Zeichen dieses Friedens.

Segen und Sendung

V. Bitten wir Gott um seinen Segen:
Barmherziger Gott,
du Beschützer aller, die auf dich vertrauen.
Sei mit uns auf unseren Wegen und trage uns durch unsere Fragen, unser Verzweifeln und unsere Trauer.

Bleibe bei uns, Herr, und segne uns,
du Vater, du Sohn und du Heiliger Geist.
A. Amen.

Lasst uns gehen in seinem Frieden.
A. Dank sei Gott, dem Herrn.

Schlusslied

GL 289, 1. »Herr, deine Güt ist unbegrenzt«
2. »Bei dir Herr, ist des Lebens Quell«

13 Vater unser im Himmel

Totengebet für eine/n plötzlich Verstorbene/n

Osterkerze anzünden

Orgelspiel/CD (ca. 3 Minuten vorher beginnen)

Eröffnung

Lied

GL 621, 1. »Ich steh vor dir mit leeren Händen, Herr«
2. »Von Zweifeln ist mein Leben übermannt«

V. Im Namen des Vaters und des Sohnes
und des Heiligen Geistes.
A. Amen.

Einführung

V. Liebe Verwandte von N.N., die/der so plötzlich verstorben ist, liebe Gemeinde.
Der plötzliche Tod eines Menschen macht uns sprachlos. Wir finden keine Worte, die ausreichen würden.
»Dein Wille geschehe« – so beten wir im Vaterunser. Das Handeln Gottes und unser Leben sind uns oftmals unergründlich, und mit Zweifel und Unverständnis treten wir vor Gott.
Ihn dürfen wir fragen, wie wir jetzt, in dieser Trauer damit umgehen können.

Ihm dürfen wir unsere Hilflosigkeit mitteilen.
Ihm dürfen wir unsere Klagen und Zweifel sagen.

Doch in all dem dürfen wir als Christen auch in der Überzeugung leben: Es ist Gottes Wille, dass jeder von uns zur Vollendung bei ihm gelangt und gewandelt wird in seine Ewigkeit.

Das nimmt uns im Augenblick nicht den Schmerz und die Angst, wie es denn nun weitergehen soll, aber es gibt uns die Hoffnung, dass Gott alles zum Guten wendet.
Vertrauen wir ihm und bitten ihn um seine Gnade und sein Erbarmen.

Lied

GL 621, 3. »Sprich du das Wort, das tröstet und befreit«

Vergebungsbitte

V. Heiliger Gott, erbarme dich unserer Verzweiflung und Not, lass uns nicht mutlos werden und verzeih uns unseren Kleinmut. Darum bitten wir dich durch Christus, unsern Herrn. Amen

Gebet

Ewiger Gott, von dir kommen wir
und zu dir kehren wir zurück.
Du gibst das Leben und du nimmst es.
Du nimmst es, um es zu vollenden.

Wir bitten dich, gib uns die Gnade zu verstehen, warum wir uns von unserer Schwester (unserem Bruder) trennen müssen. Gib uns Kraft und Mut und stärke unseren Glauben an dich, der alles zum Guten wenden wird.
Darum bitten wir dich, durch Christus, unseren Bruder und Herrn.
A. Amen.

Lesung

Einführung in den Lesungstext

L. Das folgende Schriftwort aus der Offenbarung des Johannes spricht vom Leben nach dem Tod. Das Vergängliche dieser Welt wird es nicht mehr geben, alles ist vollendet in Gottes neuer Schöpfung.

Lesung aus der Offenbarung des Johannes

(Offb 21,2a.3–5a.6b–7)
Ich, Johannes,
sah die Heilige Stadt, das neue Jerusalem.
Da hörte ich eine laute Stimme vom Thron her rufen:
Seht, die Wohnung Gottes unter den Menschen!
Er wird in ihrer Mitte wohnen,
und sie werden sein Volk sein;
und er, Gott, wird bei ihnen sein.
Er wird alle Tränen von ihren Augen abwischen:
Der Tod wird nicht mehr sein,
keine Trauer, keine Klage, keine Mühsal.
Denn was früher war, ist vergangen.
Er, der auf dem Throne saß, sprach:
Seht, ich mache alles neu.

Ich bin das Alpha und das Omega,
der Anfang und das Ende.
Wer durstig ist,
den werde ich umsonst aus der Quelle trinken lassen,
aus der das Wasser des Lebens strömt.
Wer siegt, wird dies als Anteil erhalten:
Ich werde sein Gott sein,
und er wird mein Sohn sein.

Wort des lebendigen Gottes.
A. Dank sei Gott.

Antwort auf die Lesung

Lied GL 642, 1. »Eine große Stadt ersteht«
2. »Lass uns durch dein Tor herein«
3. »Dank dem Vater, der uns zieht«

Wechselgebet

(mit Psalm 23: GL 718; alternativ kann auch der Psalm 23 für sich wechselweise gebetet werden)
V. Der Herr ist mein Hirte;
er führt mich an Wasser des Lebens.
A. Der Herr ist mein Hirte;
er führt mich an Wasser des Lebens.

V. Herr, es fällt uns heute schwer zu glauben, dass uns nichts fehlen wird, da wir N.N. so vermissen.
Deshalb beten wir:

A. Der Herr ist mein Hirte, nichts wird mir fehlen.

V. Herr, du sprichst von Ruhe und grünen Auen und dem Leben spendenden Wasser, aber wir sind aufgewühlt und ausgelaugt.
Deshalb beten wir:

A. Er lässt mich lagern auf grünen Auen und führt mich zum Ruheplatz am Wasser.

V. Herr, unsere Gedanken und unsere Sehnsucht sind bei unserer/unserem Verstorbenen, hilf uns, dich zu verstehen.
Deshalb beten wir:

A. Er stillt mein Verlangen; er leitet mich auf rechtem Pfad, treu seinem Namen.

V. Herr, in uns ist es dunkel und wir haben Angst, weil wir nicht wissen, wie es weitergehen soll.
Deshalb beten wir:

A. Muss ich auch wandern in finsterer Schlucht, ich fürchte kein Unheil.

V. Herr, wir möchten glauben, dass du bei uns bist und uns mit deinem Schutz umgibst. Es fällt uns so schwer.
Deshalb beten wir:

A. Denn du bist bei mir, dein Stock und dein Stab geben mir Zuversicht.

V. Herr, wie sollen wir uns das vorstellen, dass alles wieder gut wird und auch unsere Trauer aufgehoben ist bei dir? Deshalb beten wir:

A. Du deckst mir den Tisch vor den Augen meiner Feinde.

V. Ja, Herr, es wäre so schön, wenn wir spüren könnten, dass du uns umgibst mit deinem Wohlwollen.
Deshalb beten wir:

A. Du salbst mein Haupt mit Öl, du füllst mir reichlich den Becher.

V. Danke, Herr, dass du immer wieder deine Liebe spürbar machst und dass auch N.N. in deinen Händen getragen ist.
Deshalb beten wir:

A. Lauter Güte und Huld werden mir folgen mein Leben lang, und im Haus des Herrn darf ich wohnen für lange Zeit.

V. Ehre sei dem Vater und dem Sohn
und dem Heiligen Geist,

A. wie im Anfang, so auch jetzt und alle Zeit
und in Ewigkeit. Amen.

Fürbitten

V. Herr, unser Gott, unsere Toten kehren heim zu dir.
Wir aber bleiben mit ihnen verbunden;
denn wir gehören alle zu Christus.
Christus, Erlöser der Welt!
A. Wir bitten dich, erhöre uns.

L. Du hast Tote zum Leben erweckt: Schenke unserer Schwester / unserem Bruder N.N. das ewige Leben.
Christus, Erlöser der Welt!
A. Wir bitten dich, erhöre uns.

L. Du hast sie/ihn durch die Taufe als Tochter/Sohn angenommen:
Vollende sie/ihn in der Gemeinschaft der Heiligen.
Christus, Erlöser der Welt!
A. Wir bitten dich, erhöre uns.

L. Wir bitten dich für N.N., und alle Menschen, die unvorbereitet durch Unfall, Katastrophe oder Gewalt plötzlich sterben müssen.
Christus, Erlöser der Welt!
A. Wir bitten dich, erhöre uns.

L. Sei denen besonders nahe, deren Glaube an deine Liebe und Menschenfreundlichkeit durch den plötzlichen Tod eines lieben Menschen erschüttert wurde.
Christus, Erlöser der Welt!
A. Wir bitten dich, erhöre uns.

L. Lass alle Toten Frieden finden, den du uns durch Jesus verheißen hast.
Christus, Erlöser der Welt!
A. Wir bitten dich, erhöre uns.

V. Gott, unser Vater, führe uns in die Gemeinschaft mit denen, die du geheiligt hast, und lass uns in dir die Vollendung finden.

Beten wir voll Vertrauen, wie Jesus uns zu beten gelehrt hat:
A. Vater unser im Himmel …

Lied

GL 521, 1. »Herr, gib uns Mut zum Hören«
2. »Herr, gib uns Mut zum Glauben«

Schlussgebet

V: Guter Gott,

Du erträgst es nicht,
dass einer deiner Menschen
verlorengehen sollte.
Du suchst uns auf,
wenn wir uns entfernt haben von dir,
viel mehr, als wir dich suchen,
bist du auf der Suche nach uns.
Wir halten uns fest an der Sicherheit,
an der Verheißung,
und deiner erfinderischen Liebe
vertrauen wir uns an.

Huub Oosterhuis

Segen und Sendung

V. Allmächtiger Gott,
du Beschützer aller, die auf dich vertrauen.
Segne uns.
Sei mit uns auf unseren Wegen und schütze uns,
wenn der Alltag uns zu erdrücken droht,
du unsere Hoffnung und Zuversicht.
Der Segen des allmächtigen Gottes,
des Vaters, des Sohnes und des Heiligen Geistes
bleibe bei uns bis in Ewigkeit.
A. Amen.

V. Lasst uns gehen in Frieden.
A. Dank sei Gott, dem Herrn.

Schlusslied

GL 297, 1. »Gott liebt diese Welt«
4. »… Ihre Dunkelheiten«
5. »… Durch des Sohnes Sterben«
6. »… In den Todesbanden«

14 Im Haus meines Vaters gibt es viele Wohnungen

Totengebet für eine/n nach langem Leiden Verstorbene/n

Osterkerze anzünden – Für jeden Gottesdienstteilnehmer ein Teelicht am Licht der Osterkerze entzünden

Orgelspiel/CD (ca. 3 Minuten vorher beginnen)

Eröffnung

Lied

GL 291, 1. »Wer unterm Schutz des Höchsten steht«
2. »Er weiß, dass Gottes Hand ihn hält«
3. »Denn dies hat Gott uns zugesagt«

V. Im Namen des Vaters und des Sohnes
und des Heiligen Geistes.
A. Amen.

Einführung

V. Liebe Verwandten und Freunde, liebe Mitchristen *(liebe Mitbewohner dieses Hauses / ggf. Name des Senioren-Wohnheimes).*

Es ist gut, dass wir hier sind, um uns im gemeinsamen Gebet von unserer/m Schwester/Bruder N.N. zu verabschieden.

Eine lange Zeit des Leidens ist beendet,
Gott hat Frau/Herrn N.N. zu sich heimgerufen.
Eine lange Zeit der liebenden Fürsorge, des Hoffens und Bangens ist ebenfalls beendet.
Zwiespältig sind unsere Gefühle:
Dankbarkeit, dass Gott Frau/Herrn N.N. von Leid und Schmerz erlöst hat.
Traurigkeit, dass sie/er nicht mehr in unserer Mitte ist.
Hilflosigkeit, weil wir uns noch nicht vorstellen können, wie wir die nächsten Tage und Wochen durchleben werden.

Wir haben eben gesungen, »Wer unterm Schutz des Höchsten steht, … der weiß, dass Gottes Hand ihn hält.«
Legen wir all unsere Fragen und Unsicherheiten in seine Hände, vertrauen wir Gott, der das Leben gibt und nimmt, um es zur Vollendung zu führen.
Bitten wir seinen Mensch gewordenen Sohn, der die Nöte und Ängste unseres Lebens durchlebt hat, um Erbarmen.

Kyrie

GL 485 *(gesungen oder gesprochen)*

V. Der in seinem Wort uns hält bis zum Ende dieser Welt:
A. Christus, Herr, erbarme dich.

V. Der unsere Mühsal kennt, der uns beim Namen nennt:
A. Christus, erbarme dich.

V. Der uns aufstrahlt im Gericht, der uns heimruft in sein Licht.
A. Christus, Herr, erbarme dich.

Vergebungsbitte

V. Du Gott des Lebens, nimm unsere Zweifel und Ängste an und schenke uns in deinem großen Erbarmen Mut und Stärke, darum bitten wir dich durch Christus, unseren Herrn.
A. Amen.

Gebet

V. Allmächtiger Vater, Herr des Himmels und der Erde.
Dein Sohn ist Licht für diese Welt.
Lass uns auf ihn schauen und öffne unsere Sinne.
Führe unsere/n Verstorbene/n N.N. in dein ewiges Licht.
Nimm von uns alle Zweifel, Ängste und Unsicherheiten und lass uns den neuen Weg finden.
Darum bitten wir dich durch deinen Sohn im Heiligen Geist, heute und alle Tage unseres Lebens.
A. Amen.

Evangelium

Einführung in den Lesungstext

L. Bevor Jesus sich auf seinen Leidensweg begibt, verabschiedet er sich von seinen Jüngern mit tröstenden und Hoffnung spendenden Worten. Er lässt sie nicht einfach zurück, sondern bereitet ihnen einen Platz, eine Zukunft, ein ewiges Leben.
So können auch wir sicher sein, dass er uns nicht im Dunkel des Todes zurücklässt.

L. Aus dem heiligen Evangelium nach Johannes
(Joh 14,1–4)
In jener Zeit sprach Jesus zu seinen Jüngern:
Euer Herz lasse sich nicht verwirren.
Glaubt an Gott,
und glaubt an mich!
Im Hause meines Vaters gibt es viele Wohnungen.
Wenn es nicht so wäre,
hätte ich euch dann gesagt:
Ich gehe, um einen Platz für euch vorzubereiten?
Wenn ich gegangen bin
und einen Platz für euch vorbereitet habe,
komme ich wieder
und werde euch zu mir holen,
damit auch ihr dort seid, wo ich bin.
Und wohin ich gehe
– den Weg dorthin kennt ihr.

Frohe Botschaft unseres Herrn Jesus Christus
A. Lob sei dir Christus

Antwort auf den Lesungstext: GL 687

L. Dein Wort ist Licht und Wahrheit;
es leuchtet mir auf all meinen Wegen.
A. Dein Wort ist Licht und Wahrheit;
es leuchtet mir auf all meinen Wegen.
L. Leben und Freude gibt es meinem Herzen.
A. Es leuchtet mir auf all meinen Wegen.
L. Singt das Lob des Vaters und des Sohnes
und des Heiligen Geistes.

A. Dein Wort ist Licht und Wahrheit;
es leuchtet mir auf all meinen Wegen.

Fürbitten

V. Auferstandener Christus, du hast dein Leben und Sterben ganz in die Hände deines Vaters gelegt und ihm vertraut, dass er dich nicht im Tod lässt.
Dich bitten wir:

L. Christus, du bist der Weg, die Wahrheit und das Leben.
Wir bitten dich für Frau/Herrn N.N.:
begleite sie vom Tod in das ewige Leben.
Du auferstandener Sohn Gottes.
A. Wir bitten dich, erhöre uns.

L. Christus, du Licht der Welt.
Wir bitten dich für alle,
die tagtäglich das Leben unserer/s Verstorbenen liebevoll begleitet haben und die dunklen Stunden in Licht verwandelten:
Sei ihnen nahe, damit sie den neuen Weg finden und nicht in ihrer Traurigkeit verlorengehen.
Du auferstandener Sohn Gottes.
A. Wir bitten dich, erhöre uns.

L. Christus, du Sonne unseres Heils.
Wir bitten dich für alle, die sich hier versammelt haben:
Lass mit dem Licht des neuen Tages auch ihre Herzen wieder aufleuchten.
Du auferstandener Sohn Gottes.
A. Wir bitten dich, erhöre uns.

L. Christus, du Erlöser der Welt.
Wir bitten dich für alle Verstorbenen, die uns nahe sind,
für alle, an die niemand denkt:
Lass sie den neuen Tag schauen, wo es keine
Trauer und Klage mehr gibt, sondern Freude und Jubel.
Du auferstandener Sohn Gottes.
A. Wir bitten dich, erhöre uns.

V. Herr, unser Gott, bleibe bei uns,
bleibe bei uns mit deinem Geist und deiner Liebe.
Darum bitten wir dich heute und alle Tage unseres Lebens.
A. Amen.

V. In unserer Freude und Hoffnung, unserer Trauer und Angst fühlen wir uns mit Jesus verbunden. Beten wir voll vertrauen mit den Worten, die er uns geschenkt hat:
A. Vater unser im Himmel …

Lied
Wenn das Brot, das wir teilen

2. Wenn das Leid jedes Armen uns Christus zeigt
und die Not, die wir lindern, zur Freude wird *Refrain*

3. Wenn die Hand, die wir halten uns selber hält
und das Kleid, das wir schenken, auch uns bedeckt *Refrain*

4. Wenn der Trost, den wir geben uns weiter trägt
und der Schmerz, den wir teilen, zur Hoffnung wird *Refrain*

M: © Kurt Grahl; Leipzig; T: © Claus-Peter März, Erfurt

Schlussgebet

V. Lasst uns abschließend danken:
Du unser Gott, du hast uns das Leben geschenkt,
wir wollen uns darüber freuen,
wir wollen das Leben mit andern teilen,
damit es groß werde und sich an deiner Liebe messen kann.
Dir sei Lob und Dank jetzt und alle Zeit und in Ewigkeit.
A. Amen.

Segen

V. Segne und behüte uns,
du Gott des Friedens und der Hoffnung.
Bleibe bei uns mit deinem Geist.
Bewahre uns in deiner Gnade.
So segne uns der gute Gott,
der Vater, der Sohn und der Heilige Geist.
A. Amen.

V. Singet Lob und Preis.
A. Dank sei Gott, dem Herrn.

Schlusslied

GL 572, 1. »Salve! Maria Königin, Mutter und Helferin«
2. »Dich rufen allzumal in diesem Tränental«
3. »Maria, hohe Frau, barmherzig auf uns schau«

Anhang

Gebete

Für einen nach langem Leiden Verstorbenen (I)

V. Gott, unser Vater, du hast N.N. vom Leiden erlöst.
Wir wenden uns an dich:
Dein Sohn hat uns durch sein Sterben zum ewigen Leben erweckt.
So schenke auch unserer/m Verstorbenen nach ihrem/seinem langen Leiden die ewige Freude bei dir.
Hilf uns, für uns neue Wege zu finden und die Freude am Leben wieder neu zu entdecken.
Darum bitten wir dich durch Christus, unseren Bruder und Herrn.
A. Amen.

Für einen nach langem Leiden Verstorbenen (II)

V. Herr, unser Gott, wir legen unsern Bruder/unsere Schwester in deine Hände. Er/Sie hat Krankheit und Leid getragen und ist nun auf dem Weg zu dir.
Wir bitten dich: Komm ihm/ihr entgegen und führe ihn/sie in das Land ohne Schmerzen, in deine Vollendung.
Dir sei Lob und Preis heute und alle Tage unseres Lebens.
A. Amen.

Für einen plötzlich Verstorbenen (Suizid)

V. Allmächtiger Gott,
du allein kennst alle Menschen;
du hast uns erschaffen,
und was in uns verborgen ist, liegt offen vor dir.
Wenn das Herz uns anklagt,
so ist deine Liebe doch größer als unsere Anklage.
Wir bitten dich für N.N.:
Schenke auch ihm/ihr deine große Liebe
und verzeih ihm/ihr, dass er/sie das Leben nicht bewältigen konnte.
Öffne uns die Augen und lass uns künftig erkennen,
wo Menschen am Leben verzweifeln.
Erhöre in deiner Güte unser Gebet
und führe uns durch alles menschliche Versagen hin zu dir,
dem Ziel unseres Lebens.
So bitten wir durch Christus, unsern Herrn.
A. Amen.

Vertrauen trotz Misstrauen

Guter Gott,
in dieser Stunde des Abschieds
fühlen wir uns einsam und verlassen.
Der Zweifel nagt an uns,
der Unglaube droht uns zu überwältigen.
Der Tod rührt an den Grundfesten unseres Glaubens.
Unsere Bilder vom Himmel scheinen so naiv,
dass wir ihnen nicht trauen können.
Wir fürchten, du entziehst uns deine Gegenwart,
deine Sorge und deinen Schutz.
Wir bekennen dir unser Misstrauen,
denn größer noch ist unser Vertrauen:
dass du uns annimmst, wie wir sind,
dass du uns nie verlässt.
Auch nicht in dieser Stunde des Abschieds.
Dann wollen wir vertrauen,
dass du stärker bist als der Tod,
dass es bei dir weder Tränen noch Schmerzen gibt,
dass einmal alles gut wird bei dir,
dem unaussprechlichen, wunderbaren Geheimnis.

Georg Schwikart

Wie beten?

Die Worte kleben mir im Mund, Herr,
sie wollen nicht über die Lippen.
Was soll ich sagen,
wenn ich kaum verstehe, was ich fühle?
Beten will ich, Kontakt mit dir.
Wie aber den Graben überwinden,
die Trennung heilen?
Mag sein, du bist mir näher als ich mir selbst.
Bete du in mir.

Georg Schwikart

Kraft zu lieben

Wisch fort die Spuren dieser Nacht,
mach hell mich wie den Morgenstern.

Lass mich hier sein,
Du, der gesprochen hat »Hier bin ich«.

Mach mich heiter,
sprich mich offen,
richte auf mein Herz.

Dass nicht taub und stumpf ich werde
vor Verzweiflung und Wut.

Dass mir nicht versiege
die Kraft zu lieben.

Huub Osterhuis

Gesegnet

Gesegnet du Ewiger,
unsichtbar hier jetzt,
nicht abbildbar, jenseits aller Bildersprache –
gesegnet, der uns Lebenszeit schenkt,
Tage und Nächte, alle Tage neu.

Schenke schmerzfreie Stunden,
Klarheit des Geistes,

dass wir die letzten Worte finden,
den letzten Gruß,
die Stille der Liebe.

Gesegnet du, der weiß,
was Menschen bewegt.

Huub Oosterhuis

Abschied

wir sagen danke für dich
und geben dich in die besten Hände
die wir uns denken können

und wir geben uns
in die Hände Gottes
möge er unsere Wunden heilen
uns in unserer Trauer trösten

möge er der Gott sein
für uns Lebende
und für unsere Toten

Andrea Schwarz

Keine verlorene Zeit

Lass uns dir vertrauen, Gott, und segne uns,
dass sich auch die Bruchstücke unseres Lebens
wieder zusammenfügen können. Achte darauf, Gott, und segne uns,
dass wir Äußerlichkeiten nicht zu wichtig nehmen
und nicht am Vergangenen hängen.
Schenke uns allen, Gott, und segne uns,
dass wir die dunklen Seiten unseres Lebens
nicht verdrängen, sondern mit ihnen zu leben lernen.
Lass uns begreifen, Gott, und segne uns,
dass Tage der Sorge, der Trauer und des Leids
keine verlorenen Zeiten sind,
sondern zu unserer Reife führen.

Roland Breitenbach

Fürbitten

Führe unsere Verstorbenen zur Vollendung in dir und lass sie für immer im Licht deiner Herrlichkeit leben.

Stärke alle, die mut- und kraftlos sind, die das Leben als enttäuschend und sinnlos empfinden. Lass sie erkennen, zu welcher Hoffnung sie berufen sind.

Sei du jenen Menschen besonders nah, die einsam und ohne menschlichen Beistand sterben müssen.

Erbarme dich all jener, die unvorbereitet durch Unfall, Katastrophe oder kriminelle Gewalt sterben müssen. Tröste die, die zurückbleiben.

Für alle, denen dieser Tod besonders nahegeht, dass sie Trost finden bei dir.

Für uns alle, dass wir in den Stunden der Dunkelheit und Mutlosigkeit nicht vergessen, dass du unser Leben trägst und lenkst.

Für alle, die vom Tod plötzlich überrascht werden, denen keine Zeit gegeben ist, Abschied zu nehmen.

Für alle, die einen langen und qualvollen Tod erleiden und für alle, die N.N. begleitet und gepflegt haben und ihm/ihr nahestanden,
dass sie in ihrer Ausweglosigkeit nicht verzweifeln.

Für alle, die keinen Ausweg aus ihrer Trauer finden.

Hilf allen, die durch den Tod eines lieben Menschen einsam, hilflos oder mutlos geworden sind.

Schenke auch den Verstorbenen, an die jeder von uns besonders denkt, ein Leben in Fülle.

Fürbitten beim Tod eines Kindes

V. Hilf den Eltern, die fassungslos und voller Schmerz vor den Trümmern ihrer Hoffnung und ihrer Erwartungen stehen, die erkennen müssen, dass der Tod ihnen das Liebste entrissen hat und keine Reihenfolge einhält:

Lass sie in ihrem Schmerz nicht ohnmächtig sein und tröste sie im Glauben an ein Wiedersehen.

Lass sie mit ihrem Kind nicht auch ihr eigenes Leben begraben.

Lass sie den Glauben an deine Liebe nicht verlieren.

V. Gott, hilflos, ohnmächtig und verständnislos
müssen wir Abschied nehmen von *(Vorname des Kindes)*.
Auf die Frage, warum *(Vorname)* so früh gestorben ist,
suchen wir vergeblich nach einer Antwort;
nimm ihn/sie auf in deine grenzenlose Liebe.
Darum bitten wir dich durch Jesus Christus, unseren Herr.
A. Amen.

Schriftlesungen

Lesung aus dem Buch Jesaja *(Jes 43,1–3)*

So spricht der Herr,
der dich geschaffen hat, Jakob,
und der dich geformt hat, Israel:
Fürchte dich nicht, denn ich habe dich ausgelöst,
ich habe dich beim Namen gerufen,
du gehörst mir.
Wenn du durchs Wasser schreitest, bin ich bei dir,
wenn durch Ströme, dann reißen sie dich nicht fort.
Wenn du durchs Feuer gehst, wirst du nicht versengt,
keine Flamme wird dich verbrennen.
Denn ich, der Herr, bin dein Gott,
ich, der Heilige Israels, bin dein Retter.

Wort des lebendigen Gottes.
A. Dank sei Gott.

Lesung aus dem Buch Jesaja *(Jes 57,15.19bc)*

So spricht der Hohe und Erhabene,
der ewig Thronende, dessen Name der Heilige ist:
Als Heiliger wohne ich in der Höhe,
aber ich bin auch bei den Zerschlagenen und Bedrückten,
um den Geist der Bedrückten wieder aufleben zu lassen
und das Herz der Zerschlagenen neu zu beleben.
Friede, Friede den Fernen und den Nahen,
spricht der Herr, – ich werde sie heilen.

Wort des lebendigen Gottes.
A. Dank sei Gott.

Lesung aus dem Buch Ezechiel *(Ez 37,1–10)*

In jenen Tagen
legte sich die Hand des Herrn auf mich,
und der Herr brachte mich im Geist hinaus
und versetzte mich mitten in die Ebene.
Sie war voll von Gebeinen.
Er führte mich ringsum an ihnen vorüber,
und ich sah sehr viele über die Ebene verstreut liegen;
sie waren ganz ausgetrocknet.
Er fragte mich: Menschensohn,
können diese Gebeine wieder lebendig werden?
Ich antwortete, Herr und Gott, das weißt nur du.
Da sagte er zu mir: Sprich als Prophet über diese Gebeine,
und sag zu ihnen: Ihr ausgetrockneten Gebeine,
hört auf das Wort des Herrn!
So spricht Gott, der Herr, zu diesen Gebeinen:
Ich selbst bringe Geist in euch,
dann werdet ihr lebendig.
Dann werdet ihr erkennen, dass ich der Herr bin.
Da sprach ich als Prophet, wie mir befohlen war;
und noch während ich redete,
hörte ich auf einmal ein Geräusch:
Die Gebeine rückten zusammen, Bein an Bein.
Und als ich hinsah, waren plötzlich Sehnen auf ihnen,
und Fleisch umgab sie,
und Haut überzog sie.
Aber es war noch kein Geist in ihnen.
Da sagte er zu mir: Rede als Prophet zum Geist,
rede, Menschensohn,
sag zum Geist: So spricht Gott, der Herr:
Geist, komm herbei von den vier Winden!

Hauch diese Erschlagenen an,
damit sie lebendig werden.
Da sprach ich als Prophet, wie er mir befohlen hatte,
und es kam Geist in sie.
Sie wurden lebendig und standen auf
– ein großes, gewaltiges Heer.

Wort des lebendigen Gottes.
A. Dank sei Gott.

Lesung aus dem Brief des Apostels Paulus an die Korinther
(2 Kor 5,1.6–10)

Schwestern und Brüder!
Wir wissen: Wenn unser irdisches Zelt abgebrochen wird,
dann haben wir eine Wohnung von Gott,
ein nicht von Menschenhand errichtetes ewiges Haus im Himmel.
Wir sind also immer zuversichtlich,
auch wenn wir wissen,
dass wir fern vom Herrn in der Fremde leben,
solange wir in diesem Leib zu Hause sind;
denn als Glaubende gehen wir unseren Weg
nicht als Schauende.
Weil wir aber zuversichtlich sind,
ziehen wir es vor, aus dem Leib auszuwandern
und daheim beim Herrn zu sein.
Deswegen suchen wir unsere Ehre darin, ihm zu gefallen,
ob wir daheim oder in der Fremde sind.

Denn wir alle müssen vor dem Richterstuhl Christi
offenbar werden,
damit jeder seinen Lohn empfängt
für das Gute oder Böse,
das er im irdischen Leben getan hat.

Wort des lebendigen Gottes.
A. Dank sei Gott.

Lesung aus dem Brief an die Epheser *(Eph 2,4–8)*

Schwestern und Brüder!
Gott, der voll Erbarmen ist,
hat uns, die wir infolge unserer Sünde tot waren,
in seiner großen Liebe, mit der er uns geliebt hat,
zusammen mit Christus wieder lebendig gemacht.
Aus Gnade seid ihr gerettet.
Er hat uns mit Christus auferweckt
und zusammen mit ihm einen Platz im Himmel gegeben.
Dadurch, dass er in Christus Jesus gütig an uns handelte,
wollte er den kommenden Zeiten
den überfließenden Reichtum seiner Gnade zeigen.
Denn aus Gnade seid ihr durch den Glauben gerettet,
nicht aus eigener Kraft – Gott hat es geschenkt.

Wort des lebendigen Gottes.
A. Dank sei Gott.

Lesung aus dem ersten Johannesbrief *(1 Joh 3,1–2)*

Schwestern und Brüder!
Seht, wie groß die Liebe ist, die der Vater uns geschenkt hat:
Wir heißen Kinder Gottes,
und wir sind es.
Die Welt erkennt uns nicht,
weil sie ihn nicht erkannt hat.
Liebe Schwestern, liebe Brüder, jetzt sind wir Kinder Gottes.
Aber was wir sein werden,
ist noch nicht offenbar geworden.
Wir wissen, dass wir ihm ähnlich sein werden,
wenn er offenbar wird;
denn wir werden ihn sehen wie er ist.

Wort des lebendigen Gottes.
A. Dank sei Gott.

Aus den Evangelien

Aus dem heiligen Evangelium nach Johannes
(Joh 11,21–27)

In jener Zeit
sagte Marta zu Jesus:
Herr, wärest du hier gewesen,
dann wäre mein Bruder nicht gestorben.
Aber auch jetzt weiß ich:
Alles, worum du Gott bittest
wird Gott dir geben.

Jesus sagte zu ihr: Dein Bruder wird auferstehen
Marta sagte zu ihm:
Ich weiß, dass er auferstehen wird
bei der Auferstehung am Letzten Tag.
Jesus erwiderte ihr:
Ich bin die Auferstehung und das Leben.
Wer an mich glaubt wird leben, auch wenn er stirbt,
und jeder der lebt und an mich glaubt,
wird auf ewig nicht sterben.
Glaubst du das?
Marta antwortete ihm:
Ja, Herr, ich glaube, dass du der Messias bist,
der Sohn Gottes, der in die Welt kommen soll.

Frohe Botschaft unseres Herrn Jesu Christus.
A. Lob sei dir, Christus!

Aus dem heiligen Evangelium nach Johannes
(Joh 12,23–26)

In jener Zeit
sprach Jesus zu seinen Jüngern:
Die Stunde ist gekommen,
dass der Menschensohn verherrlicht wird.
Amen, Amen, ich sage euch:
Wenn das Weizenkorn nicht in die Erde fällt und stirbt,
bleibt es allein;
wenn es aber stirbt,
bringt es reiche Frucht.
Wer an seinem Leben hängt,
verliert es;
wer aber sein Leben in dieser Welt gering achtet,
wird es bewahren bis ins ewige Leben.
Wenn einer mir dienen will,
folge er mir nach;
und wo ich bin,
da wird auch mein Diener sein.
Wenn einer mir dient,
wird der Vater ihn ehren.

Frohe Botschaft unseres Herrn Jesu Christus.
A. Lob sei dir, Christus!

Aus dem heiligen Evangelium nach Johannes
(Joh 14,1–6)

In jener Zeit sprach Jesus zu seinen Jüngern:
Euer Herz lasse sich nicht verwirren.
Glaubt an Gott,
und glaubt an mich!
Im Hause meines Vaters gibt es viele Wohnungen.
Wenn es nicht so wäre,
hätte ich euch dann gesagt:
Ich gehe, um einen Platz für euch vorzubereiten?
Wenn ich gegangen bin
und einen Platz für euch vorbereitet habe,
komme ich wieder
und werde euch zu mir holen,
damit auch ihr dort seid, wo ich bin.
Und wohin ich gehe
– den Weg dorthin kennt ihr.
Thomas sagte zu ihm:
Herr, wir wissen nicht wohin du gehst.
Wie sollen wir dann den Weg kennen?
Jesus sagte zu ihm:
Ich bin der Weg und die Wahrheit und das Leben;
niemand kommt zum Vater
außer durch mich.

Frohe Botschaft unseres Herrn Jesu Christus.
A. Lob sei dir, Christus!

Für ein verstorbenes Kind

Aus dem heiligen Evangelium nach Matthäus
(Mt 19,13–15a)

In jener Zeit
brachte man Kinder zu Jesus,
damit er ihnen die Hände auflege und für sie bete.
Die Jünger aber wiesen die Leute schroff ab.
Doch Jesus sagte:
Lasst die Kinder zu mir kommen;
hindert sie nicht daran!
Denn Menschen wie ihnen gehört das Himmelreich.
Dann legte er ihnen die Hände auf.

Frohe Botschaft unseres Herrn Jesu Christus.
A. Lob sei dir, Christus!

Aus dem heiligen Evangelium nach Johannes
(Joh 6,37.39–40)

In jener Zeit sprach Jesus zu der Menge:
Alles, was der Vater mir gibt, wird zu mir kommen,
und wer zu mir kommt,
den werde ich nicht abweisen.

Es ist der Wille dessen, der mich gesandt hat,
dass ich keinen von denen, die er mit gegeben hat,
zugrunde gehen lasse,
sondern dass ich sie auferwecke am Letzten Tag.

Denn es ist der Wille meines Vaters,
dass alle, die den Sohn sehen und an ihn glauben,
das ewige Leben haben
und dass ich sie auferwecke am Letzten Tag.

Frohe Botschaft unseres Herrn Jesu Christus.
A. Lob sei dir, Christus!

Verzeichnis der Bibelstellen